« LES JOYEUX GUÉRISSENT TOUJOURS »

DU MÊME AUTEUR
CHEZ POCKET

TU M'APPELLES EN ARRIVANT ?
DEHORS, IL FAIT BEAU… HÉLAS !
« LES JOYEUX GUÉRISSENT TOUJOURS »

PATRICK SÉBASTIEN

« LES JOYEUX GUÉRISSENT TOUJOURS »

ÉDITIONS

MIXTE
Papier issu de
sources responsables
FSC® C003309
FSC
www.fsc.org

Pocket, une marque d'Univers Poche,
est un éditeur qui s'engage pour la
préservation de son environnement et
qui utilise du papier fabriqué à partir
de bois provenant de forêts gérées de
manière responsable.

ISBN : 978-2-266-23834-2

AVERTISSEMENT, POSOLOGIE, ET PRÉCAUTIONS D'EMPLOI

Ça commence gris et désespérant.

Surtout ne pars pas, c'est exprès !

Ça va s'éclairer très vite. Mais je préfère prévenir. Dans ces périodes pressées du tout jetable, tu serais capable de me zapper au bout de quelques pages. Ne t'inquiète pas, le terne n'est posé au début que pour mettre en valeur le lumineux d'après, et ce sera Joyeux comme son titre l'indique. Il n'y a pas menterie d'étiquette, supercherie de logo. Tu sais, comme Air France qui ne décolle plus au moment des départs en vacances. Ça, c'est du vol ! Ou Europe Écologie-Les Verts qui recycle surtout les politiques errants en mal de circonscriptions. Ou encore, la prison de la Santé qui porte si mal son nom.

Non, promis, ce sera gai et anxiolytique.

Il y aura des farces, des saillies, des outrances, des sottises, des fanfaronnades de soudard et des souvenirs de liesse. Mais aussi des tendresses, des élans d'amour, de la compassion partagée et des sourires de secours.

Avec, en fond sonore, l'harmonie dissonante du kiosque à musique des provinces anciennes. Et perché sur l'estrade, un grand gosse capricieux, futile et entêté, convaincu que la légèreté est la plus aiguisée des sauvegardes.

Bon, d'accord, il est certain que ce type d'ouvrage n'a aucune chance de m'ouvrir les portes d'un quelconque panthéon littéraire. Mais il y a longtemps que j'ai appris à me contenter du superflu. C'est d'ailleurs l'essence du propos. Même si elle est la clé de voûte de l'espoir, la Joie n'a rien de tout à fait respectable. Les comiques non césarisés et la tombe de Molière en attestent.

Mais la lucidité, qui a toujours été ma qualité première, limite mon ambition au raisonnable. Je suis un écriveur plus qu'un écrivain. Et ça suffit à mon plaisir. Les émotions sont mes médailles. Ce qui brille aux yeux m'importe bien plus que ce qui luit au cou. Aux ambitieux, le pouvoir et les coffres ; aux saltimbanques, les ripailles et les confettis. Chacun son Graal ! La Toison d'or a été découpée sur un animal qui depuis se pèle de froid. Moi, je n'écris que pour les tondus, histoire de les réchauffer un peu. Que pèsent les honneurs vaniteux au regard des sourires dessinés aux visages des gens de la rue ? Et nos orgueils ont-ils réellement plus de faste qu'une convivialité de secours ?

Alors, suis-moi. J'ai préparé des mots pour tes maux. Ce livre est une ordonnance. Mon secret espoir serait qu'il finisse sur les étagères des pharmacies. Remboursé, en plus ? N'exagérons pas.

Mais on peut rêver.

On doit rêver.

Et puis, je te confierai le secret de « Freude ».

Non, je n'ai pas fait de faute.

Pas Freud… « Freude. »

14 NOVEMBRE 2011 (0 h 30)

On en était où, déjà ?

Ah oui, c'était le 14 novembre 2011. Cinquante-huit ans, et le flot habituel des messages d'anniversaire. Tu parles d'une fête ! Cinquante-huit bougies arthrosées, chancelantes, ridées et glabres. Triste cire. Le temps qui passe, me dépasse, me trépasse avant l'heure. À chaque passage devant le miroir, il y a la photo ratée d'un corps sapin de Noël, la peau en branches obliques vers le bas, les boules fanées, et des guirlandes de chairs lâches. Et puis les cent douleurs chroniques d'une carapace écorchée, suturée et rafistolée tant bien que mal aux analgésiques courants. Plus, depuis quelques semaines, un acouphène obsédant qui vient vriller tous mes silences.

Le corps en jachère, donc.

Et l'âme bien pire. Toute fissurée de chagrins, de deuils, de blessures, d'oublis, de défaites et de trahisons. Une carte routière froissée, zébrée de chemins vicinaux qui ne menaient nulle part. D'ornière en ornière, il a fallu se désembourber, et repartir en cahotant. Tout ça, et le « Mamanque » en plus. Néologisme morose en souvenir de celle que je n'appelle plus en arrivant. On peut y ajouter une activité professionnelle hésitante, le train-train à la limite du déraillement. Un monde audiovisuel de plus en plus malsain, livré pieds, poings et lèvres liés aux élites politico-journalistiques méprisantes et serviles. Et cette envie récurrente de quitter le cirque parce que les clowns n'ont rien à faire dans la cage aux lions.

Morosité de saisons cumulées :

L'automne de l'année et l'automne de ma vie.

Avec les amis feuilles qui tombent ou flétrissent. Les mois qui viennent de passer m'ont encore arraché des indispensables. Il a fallu accompagner leur boîte en bois jusqu'au dernier trou du golf. Avec chaque fois la question : et si c'était moi le prochain « Birdie » ? Quand l'âme sort du corps et s'envole en oiseau. Mes amis migrateurs s'éparpillent en nuées. Et parmi ceux qui restent, je passe de plus en plus de temps à accompagner ceux qui luttent. Ma meilleure amie, tiens, qui se débat dans une chimiothérapie qui répare autant qu'elle détruit. Elle aurait dû arrêter de fumer. Pour l'instant moi, ça va. Mais j'aurais dû arrêter de commencer.

Et la crise sur le gâteau !

Le monde autour qui s'endette, dérape, virevolte de scandales en menaces d'apocalypse. Ça, c'est pour la couche large. L'air ambiant. Cette terreur assénée à chaque JT d'infos par l'« acupuncteur » de service. Docteur Frousse. Mille flèches empoisonnées pour te rappeler que le crime rôde, que la mort est partout, que la souffrance submerge le monde de cyclones en épidémies. « Y en a un peu plus, j'vous mets tout ? »

Et au plus près, le regard de plus en plus las de ceux que je croise. Résignés, fatalistes, l'échine en dos d'âne. S'indigner ? La belle affaire. Qu'est-ce que ça changera au fait que les fins de mois commencent de plus en plus vers le douze ? Et le bla-bla que déversent en flots ininterrompus les candidats potentiels au sacre de mai. Les guéguerres de castes à mille lieues d'un quotidien névrosé où l'avenir fait frissonner de peur. Triple A. Angoisse, Anesthésie, Arc-en-fiel. En haut, ils disent : « Une réalité stressante alimentée par le pessimisme des médias. » En bas : « Une vie de merde qu'on essuie avec du papier journal. » Dans les deux cas, c'est la même une : « Il se peut que certaines eaux minérales soient cancérigènes. »

— On boit plus, alors ?

— Non, on a juste écrit « il se peut ».

— Ah, bon ! On a eu la trouille.

— C'était le but. La peur fait vendre.

Vendre. Acheter. Vendre. Acheter. L'école publique qu'il va falloir bientôt rebaptiser école de commerce.

Et la tendresse, bordel !

La presque soixantaine tristouille, donc. Et à titre personnel, puisqu'on en revient toujours à soi, le constat lucide d'un pitre ambulant qui n'a fait de sa vie qu'une succession de fausses pistes. Un vrai film d'Indiens.

Fausse piste sentimentale : « Quatre mariages et un enterrement. » Et la culbute facile de centaines d'entre-cuisses qui m'ont fait déverseur à perpétuité. Jouisseur de fond. Presque par routine. À la limite du pitoyable. Non que je les méprise, mes princesses, mes « Cendrillon », mes « Blanche-Neige », mes « Belles au bois de Boulogne » de quatre heures du matin, mais bon ! Il me reste une guirlande de clins d'œil, de flashes, d'éclairs, mais rien qui illumine vraiment. De toute façon, c'était il y a longtemps, et je n'ai plus le temps d'avoir du temps.

Fausse piste professionnelle : « Itinéraire d'un enfant gâteux. » Un presque vieillard gaulois accroché à des farces de môme. Pitre, donc. Beauf, blaireau, rigolo éculé comme ils disent. Extra-averti qui en vaut deux. Je le savais dès le départ quand j'ai choisi le futile et le gai, qu'au bas de la lettre il n'y aurait jamais écrit : « Considérations distinguées. » Juste une aimable sympathie au mieux, et un dégoût compassé au pire. Et pourtant toi tu sais comme dedans, il y a du profond, du sérieux, du respectable donc. Mais encore une fois, c'est trop tard. L'image est incrustée, définitive et sans appel, et je mourrai sans la moindre chance qu'un codicille vienne modifier le texte de l'oraison funèbre qui demeurera *ad mortem aeternam* : « Il nous a quand même bien fait marrer, ce clown ! » Tout est dit.

Voilà le bilan.

La photo anniversaire de ce 14 novembre.

Enfin, seulement le négatif de la photo. Celui qu'on garde au fond d'un tiroir pour un nouveau tirage. Au cas où. Tu ne crois quand même pas que c'est ce négatif-là que j'ai agrafé au mur ? Non. Elle est magnifique, la photo au-dessus du lit de ma Lily d'amour.

Tout en couleurs. Éclatante de feux d'artifice, de bonheur, de Joie. Avec un J majuscule comme Je ris, Je chante, J'aime, J'explose, Je respire, Je vis, Je vis, Je vis…

Bien sûr, j'ai cinquante-huit ans. Mais je n'ai « que » cinquante-huit ans. Et ce corps, certes un peu flétri, a tout de même de beaux restes. Tout marche. En tout cas, l'essentiel. Les douleurs ? Des accompagnatrices obligatoires. Comme dit le sage : « Après cinquante ans, si tu te réveilles et que tu n'as mal nulle part, c'est que tu es mort ! » Et je vis. Toujours aussi vite, toujours aussi fort. Des spectacles, des émissions, des chansons, des enthousiasmes permanents.

Côté sentiment, j'ai fait le plein, je peux rouler tranquille jusqu'à la prochaine aire de repos. Des milliers de preuves d'amour des anonymes qui me soutiennent depuis si longtemps. Nana, mon épouse, est une femme exceptionnelle et j'ai des enfants de rêve. Et puis je gagne bien ma vie, avec la satisfaction majeure de la dépenser en cadeaux à ceux que j'aime. Avec, en prime, la conscience tranquille. Tu sais, celle qui fait que l'on s'endort bien parce qu'on n'est pas arrivé à ça à n'importe quel prix.

Et voilà la réalité du beauf, du blaireau sympathique qui fait tourner des serviettes.

Bon anniversaire, Patrick !

Bon d'accord, il reste l'acouphène. Tous ceux qui l'ont eu te diront comme c'est infernal. Parce qu'il n'y a pas de solution. Tu sais quoi ? J'ai décidé que c'était « mon pote le grillon ». Une petite bête avec un balai qui fait « cri-cri » dans ma tête pour nettoyer les idées noires. Et tiens, je te prends le pari qu'à la fin de l'écriture de ce bouquin, il sera parti balayer ailleurs. C'est mon défi de Joyeux du jour.

Parce que les Joyeux guérissent toujours.

C'est une phrase de Rabelais. Elle ment, bien sûr. Les Joyeux guérissent parfois seulement. D'un point de vue strictement médical, le constat ne souffre aucune contestation : quand on est bien dans sa peau, c'est pour plus longtemps. Certains vieux rigolards, buveurs et fumeurs font de vieux os sans que rien puisse expliquer cette clémence du sort. Les clowns apaisent les enfants dans les hôpitaux. Le mental optimiste est capital dans tous les cas de maladie grave, et dans les situations irréversibles, il accompagne en douceur. S'injecter quotidiennement de la gaieté est donc indispensable à la sérénité et à l'équilibre. Et c'est le mystère des zones inexplorées du cerveau qui décident des multiples répercussions de ce shoot apaisant sur le système immunitaire.

Mais, qu'il n'y ait pas de méprise. Gai ne veut pas dire tenu forcément à la fête et à la gaudriole. C'est d'abord se parer d'une chaleur protectrice. Si la Joie est le plus doux des boucliers, cette arme de paix n'est pas faite que d'éclats de rire. Le pardon, l'altruisme, le partage, la compassion, la générosité sont quelques-uns de ses ornements. Le regard optimiste sur toute chose en fait la solidité. Et ce sont toutes ces composantes savamment dosées qui forgent cette santé mentale si essentielle à l'intégrité physique.

Donc, applique-toi à être Joyeux envers et contre tout, et tu te porteras mieux !

On pourrait presque s'arrêter là, et laisser les pages qui suivent vierges. Tu pourrais y noter tes prescriptions du jour à ton gré : une clownerie pour tes enfants, un sourire à un inconnu, une bonne blague, une petite pièce à un SDF, une fête improvisée. Automédication de secours. Mais au-delà de l'escroquerie sur le prix que tu as mis dans ce bouquin, cela me priverait de ma propre thérapie. Tenter de rendre plus heureux les autres participe avant tout à son propre bonheur. Une évidence. Et pourtant, ils sont tant, grincheux et renfrognés, à se plaindre d'une déprime récurrente. À accuser la grise mine des autres sans faire la moindre avance pour recevoir en écho cette Joie essentielle à leur propre équilibre.

Donc, en parfait égoïste, je suis obligé de développer.

À cinquante-huit ans, bringuebalé entre la mort de mon enfant, l'hécatombe de mes proches, un ex-cancer de la peau et les mille coups de poignard d'une célébrité absurde, je ne consomme ni alcool, ni drogue, ni tranquillisants, ni psy. Mais je m'amuse de tout, parce que le quotidien est tant imprévisible et irréversible qu'en sourire est bien plus jouissif que d'en pleurer. C'est aussi simple que ça… Simpliste ? Si tu veux. Moi, je vais bien… Et toi ?

Et voilà la vindicte populaire qui pointe son nez :

— Riche, célèbre et aimé, tu vas pas nous donner des leçons en plus ! me lance le « Teigneux ». Tes blessures à deux balles, c'est des écorchures par rapport à nos plaies ouvertes à nous, les sans-le-sou, sans-l'espoir. Tu veux nous faire croire qu'il suffirait de se marrer un peu pour trouver une solution à tout. Tu nous prends vraiment pour des abrutis ! Et on fait quoi, nous, les éclopés du corps, les interdits bancaires, les désespérés ? On continue à sourire niaisement en se disant qu'une bonne blague va nous réparer le rein qui fuit ou nous renflouer le compte en banque ? Tes théories foireuses, c'est de l'épate, du passe-temps de parvenu. Faire un bouquin avec ça, faut vraiment avoir rien d'autre à foutre. Allez, continue à faire l'animateur grossier, profite bien de ta chance, et ferme ta gueule !

T'as vu, on se croirait sur le blog de Morandini !

C'est vrai que j'ai eu de la chance. Mais peut-être pas seulement. Parce que sans la Joie je n'en serais pas là. Cent fois, j'ai tapé le mur. Cent fois, j'ai survécu. Les deuils, les accidents, les fractures, les vomissures, les calomnies, j'ai tout surmonté à la seule force d'une futilité, d'une légèreté et d'une insouciance voulues. Absolument gai par nécessité. Et le constat menti de cet anniversaire morne n'était en début de chapitre que pour te démontrer son contraire. La Joie, je l'ai choisie. Je l'ai décidée depuis toujours. De ma bâtardise à mes manques d'aujourd'hui, elle m'a sauvé de tout.

C'est mon « plan J » !

Je vais le détailler tout au long de ce livre. Je l'illustrerai d'anecdotes parce que c'est aussi ça, la thérapie. Mes éclats de rire, mes éclats de vie, je vais te les confier pour que tu y puises, si ce n'est un exemple, du moins quelques sourires qui de toute façon embelliront ta journée. Et même si, à la fin, je ne t'ai pas convaincu, quitte à passer pour un idéaliste simplet et béat, je continuerai quand même à marteler à tous ceux qui m'entourent que la Joie est un choix de vie capital. C'est pour ça que je lui ai mis une majuscule.

Qu'elle soit de groupe ou intime, extériorisée ou intériorisée, indécente ou pudique, je suis convaincu qu'elle est le sésame absolu de toute vraie réussite. Elle t'aidera à traverser le torrent de la vie sans aucune chance qu'il t'emporte ou te broie. Et je t'assure qu'à la fin, quand tu te retrouveras sur l'autre rive face à la mort, tu auras le sourire aux lèvres. Tu lui ouvriras les bras en lui disant :

— Salut, toi ! Je suis heureux de te voir. Alors, on continue la fête ? J'espère qu'il y a des fanfares et des clowns. Bon, on y va !... Ils sont où, mes potes ?

Tu sais quoi ? Ce bouquin va te faire du bien. Vraiment. À moi aussi.

C'est la règle première. La Joie est avant tout un gros gâteau.

Tu vas pas manger ça tout seul ?

Partage, mon gars !

Partage, ma fille !

Partage !

22 NOVEMBRE 2011 (1 h 10)

Une date et une heure en tête de chapitre. Ce sera ça tout le long. Pour bien te faire comprendre à toi qui t'es peut-être égaré dans ces pages que j'écris à l'instant et à l'instinct. Les autres, les fidèles, le savent. Je m'effeuille, bout d'âme par bout d'âme. Au jour le jour. Mais la nuit surtout. Au mot le mot. Strip-tease. Parce que c'est la seule écriture qui me fasse jouir. La seule qui m'apporte cette Joie à laquelle, tu l'as compris maintenant, je vais essayer de te rendre addict.

Pas de plan, pas de schéma. Au feeling, comme ça, sans calcul et sans pudeur. Et je ne rature jamais. Sûr que si tu es venu chercher du construit, du littéraire soigné, il faut repartir tout de suite. Mais si tu restes et que tu acceptes de me suivre, sache que je marcherai devant, l'ego en étendard. Comme d'habitude, je vais beaucoup parler de moi. Et à partir de ça tu prendras ce dont tu as besoin. C'est le deal.

Tiens, v'là le « Teigneux » !

— T'as pas fini de te regarder le nombril ? Faut qu'on te le dise combien de fois que tu nous gaves avec tes « moi, je » ? Et qu'est-ce que tu vas nous vomir encore ? Pour la énième fois le scratch de ton gamin en Kawasaki pour faire chialer dans les chaumières ? Avec le pognon que tu t'es fait sur les droits d'auteur de tes bouquins, t'as dû les amortir depuis longtemps, les chrysanthèmes de Toussaint ! Ou alors tu vas nous saouler avec ta vioque, celle que t'appelais en arrivant, dont tu nous as déjà fait tout un plat. La maman exemplaire, etc., etc. Qu'est-ce qu'on en a à foutre ? On a tous une mère. Perso, la mienne m'a jamais fait une caresse et je vais pas en faire un livre. Qu'elle crève ! Ou peut-être, tu vas encore une fois nous expliquer que la pluie, ça mouille, que la guerre, c'est pas bien, et que la vie, c'est que d'l'amour. On s'en fout de ta vision du monde ! Il est pourri, le monde. Et c'est des crétins comme toi qui le pourrissent encore plus. Allez, va plutôt mettre ton béret et fais-nous Bourvil. T'as l'air tellement con que c'est encore ce que tu fais de mieux !

Ce genre de littérature, c'est ce que tu peux lire chaque jour sur le Net. La nouvelle peste. Le poison. Les déjections des corbeaux de pacotille anonymes, infects et lâches. Ils me dégoûtent. Parfois, j'aimerais juste en croiser un pour lui rentrer ses insultes dans la gorge. Mais Joie, Patrick, Joie… Plutôt en rire, s'amuser avec.

Alors voilà :

— Tiens, le « Teigneux », je te mets une majuscule et je t'invite tout au long de ce livre. Tu interviens quand tu veux. Ça va me faire du bien et à ceux qui me lisent aussi.

Voilà un premier conseil : invente-toi ton « Teigneux », ton immonde, qui peut te dire tout haut ce que tu n'oses même pas te dire tout bas. Si tu ne sais pas écrire, envoie-toi des messages sur ta boîte vocale. Je me le fais parfois. Ça a l'air idiot comme ça, mais je te jure que ça soulage. Surtout si ce que tu dis est proche de la vérité. Parce qu'en l'occurrence il n'a pas complètement tort, le « Teigneux ». Mais qu'est-ce que c'est bon d'oser se l'avouer ! Ceci dit, un môme sevré des tendresses de sa maman, on peut comprendre que ça tourne putois. Moi, j'ai eu la chance que la mienne m'ait fait albatros. Son amour infini m'a doté d'ailes géantes qui m'empêchent de marcher dans les combines, les bassesses et la suffisance.

Merci, ma sentinelle !

Elle est toujours là, tu le sais, sur mon épaule, depuis le dernier livre. Aujourd'hui c'est l'anniversaire de sa deuxième vie. Elle est morte le 22 novembre 2008. Et toujours pas un jour ne s'est passé sans que je sente sur moi son souffle protecteur et que j'entende sa voix.

— Ça me fait plaisir que tu recommences à écrire. J'espère qu'il n'y aura pas trop de gros mots.

— Quelques-uns, mais tu me connais.

— Comme si je t'avais fait.

Cette voix imaginaire, c'est ma plus belle compagnie, et j'aimerais tant te convaincre de savoir écouter toi aussi celle qui murmure à ton oreille. Mais si, bien sûr que si ! Tourne la tête doucement vers la droite ou la gauche, et souris. Il y a forcément quelqu'un perché sur ton épaule. Un absent indispensable.

Fais-le vraiment… Je te laisse le temps.

Donc, je disais, avant que le « Teigneux » me coupe, que j'écris au jour le jour. Un journal de bord en quelque sorte. Vu le sujet du livre, un journal de ras bord. Ben oui, le fameux verre qui offre deux possibilités de vision : à moitié plein ou à moitié vide selon ce qu'on décide. Il y a une troisième solution. Découper le haut du verre au ras du vide. Ça fait un verre toujours plein. C'est ça, le véritable optimisme. Et que les authentiques pessimistes sortent immédiatement de ce livre. Allez, pschttt… Dehors ! C'est quoi un authentique pessimiste ? Bernard Fixot, mon éditeur, lorsque je lui ai parlé de mon projet de livre, m'en a donné l'exacte définition :

— Deux hommes marchent dans un tunnel depuis des jours. Soudain l'un d'eux s'exclame : « Regarde, là-bas, au fond, la lumière. C'est le bout du tunnel. » Et l'authentique pessimiste répond, abattu : « Sûrement pas ! Ça, c'est un train qui arrive. »

Bien sûr que c'est la lumière.

Il y a toujours une lumière.

Tiens, je m'aperçois que j'ai oublié de me situer, comme je le fais chaque fois. Je t'écris dans mon antre, à Martel, dans le Lot, comme souvent. À travers la baie vitrée, j'aperçois mes gardiens de nuit, les lapins de garenne. Et puis au fond à droite la silhouette de l'autre maison, où dort Camille, « le merveilleux », mon vrai papa. Pas celui qui m'a craché, celui qui m'a grandi. Il y a aussi deux nouveaux habitants : Annie et Jean-Pierre, des gens adorables qui régissent la maison. Il fallait bien. Tata Pépée s'en est allée pour toujours.

Tu l'as croisée dans les deux livres précédents, ma sorcière bien-aimée, cette femme rude et douce, pur produit de la campagne profonde, magnétiseuse et pragmatique. C'est la sœur aînée de Maman, la deuxième des cinq. Elle était à demeure pour s'occuper de nous. Et puis quatre-vingts ans ont sonné l'heure du départ.

— Et voilà, c'est reparti ! glapit le « Teigneux ». Une oraison funèbre de plus, c'est pas des bouquins qu'il faut que tu vendes, c'est des pierres tombales !

Erreur, le « Teigneux », erreur ! C'est pas une oraison funèbre, c'est le « cantique des cantiques ». Elle n'est pas partie pour mourir, elle est partie pour vivre. Oh que oui ! Vivre.

Il y a trois mois, j'arrivais de Paris en pleine nuit comme d'habitude, et tata Pépée m'attendait, assise au « socle », la grande table de famille. Rien d'exceptionnel, si ce n'était une surprise capillaire qui avait pris la forme « casque de moto » d'une magnifique permanente à la Frank Michael.

— Qu'est-ce qui t'arrive, t'es amoureuse ? demandai-je, sûr de la réponse.

Tu penses bien qu'à quatre-vingts ans, avec son physique dodu de femme de la terre, et une existence de nonne depuis la mort de son mari, il n'y avait aucune chance qu'elle me réponde :

— Oui, et je crois que je vais me marier.

Et pourtant.

— Oh putain ! ai-je lâché, abasourdi.

Et pour qu'elle ne croie pas que mon interjection était une accusation, j'ai enchaîné illico :

— Pardon ?

— Eh oui, me répondit-elle avec un sourire de midinette. J'ai revu Lulu, et je vais partir habiter avec lui à Montluçon. Désolée, je vous laisse.

— On va s'arranger, ai-je murmuré en souriant. On trouvera quelqu'un pour te remplacer… Mais… Euh… Qu'est-ce qui te prend ? Tu es toujours restée dans le coin, pour être près de tes enfants. Tu leur en as parlé ?

— Pas encore, mais quoi qu'ils en disent, je ferai comme j'ai décidé. Je suis si bien avec lui. Il a quatre-vingt-trois ans, et moi quatre-vingts, il faut qu'on en profite vite. Tu te rends compte, soixante ans qu'on attend !

Et elle m'a tout dit.

Elle l'a connu à seize ans, le Lulu. Il en avait dix-huit. Ils s'aimaient comme on s'aimait à l'époque. En prenant le temps. Celui de se regarder avant de se frôler, de s'écrire avant de s'embrasser. Tout simplement de se connaître avant de s'appartenir. Mais un homme est un homme, quelle que soit l'époque. Lulu, le conducteur de locomotive, n'a pas pu contrôler la vapeur au-delà de six mois. Un soir, il lui a fait une avance bien précise qu'elle a repoussée d'un cinglant :

— Ah non, c'est trop tôt !

Et Lulu est parti tout contrit. Vexé du refus charnel de tata Pépée, en se jurant de s'éloigner à tout jamais de cette prude qui ne comprenait pas que, quand même, hein ?... Il faut bien que... Non ? Mais il était amoureux autant qu'elle, et ils se dirent chacun de leur côté que le temps effacerait tout ça. Et le temps, c'est comme les gommes de notre enfance. Quand le côté rouge ne suffit pas, on essaye le bleu. Heureusement, ni l'un ni l'autre n'effacèrent quoi que ce soit. Chacun fit sa vie, des enfants, en se gardant l'un l'autre au plus bel endroit de leur jardin secret. Il y eut même une correspondance régulière. Et puis, il y a six mois, la femme de Lulu est morte. Tata Pépée est allée soutenir dans l'épreuve celui qu'elle me décrivait comme son meilleur ami... Et voilà ! Plus de liens autres que celui qui les tenait épistolairement depuis toujours. La vraie vie allait enfin pouvoir commencer.

À la fin de sa stupéfiante confession, j'ai mis ma main sur celle de tata Pomponnette en lui disant, sincèrement ému :

— C'est magnifique. Vis-le à fond.

Et puis j'ai ajouté, pour saupoudrer tout ça de Sébastien pur sucre :

— Mettez des capotes quand même !

Mon deuxième degré ironique a dégringolé d'un rang.

— Ah, mais on n'a pas encore fait l'amour, a-t-elle lancé, les joues rougissantes que j'aie pu l'imaginer.

Et j'ai vu les yeux enfoncés dans ce visage lourd s'illuminer comme ceux d'un enfant au premier Noël.

— Tu sais, Patrick, je suis tellement bien avec lui. Je ne m'ennuie jamais, on joue, on parle, on chante, on rit… Oh mon Dieu, si tu savais comme on rit !

J'ai vu passer en accéléré toute la vie de cette femme de peine, ouvrière, servante, mère dévouée. J'ai revu ses deuils. Son mari, le beau marin qu'elle avait accompagné jusqu'au bout du cancer. Son petit-fils de douze ans mort dans un accident. Les vingt kilomètres à vélo quotidiens sur des routes pentues pour aller gagner le pain de ses enfants, qu'il pleuve ou qu'il vente. Toute cette vie sacrifiée aux autres… Et puis au bout, alléluia ! Une histoire d'amour comme il n'en existe plus. À la presque fin.

Fais confiance à la Joie.

Elle peut t'emmener dans des paradis que tu ne peux même pas imaginer.

L'irréversible ne l'est jamais tout à fait.

Il ne me reste plus qu'à attendre que tata Pépée m'envoie une photo d'eux deux, la main dans la main, en tourtereaux. Pour que je la confie à « Freude ».

— Voilà, en ce 22 novembre, ton cadeau d'anniversaire, Maman. Ta grande sœur a enfin compris les trois urgences que tu as appliquées toute ta vie et que tu m'as enseignées : Vivre. Vivre. Et puis vivre… Tu ne réponds pas ?

— Excuse-moi, j'avais la tête ailleurs.

— Ça ne t'intéresse pas ?

— Si, bien sûr, et j'en suis très heureuse. Mais pendant que tu écrivais, j'ai jeté un œil sur la télé dans l'autre pièce.

— Et alors ?

— J'ai vu notre Chirac. Il ne va pas bien et ça me rend triste.

Bien sûr que Maman, la sentinelle, n'a pas jeté un œil sur la télé. Elle ne me quitte pas des yeux une seule seconde. Et puis la télé est éteinte quand j'écris. C'est moi qui, à la fin de l'histoire de tata Pépée, ai fait une pause pour boire un café. Machinalement, j'ai allumé la télé, et j'ai vu le Grand Jacques mitraillé de flashes au moment d'une exceptionnelle sortie. Fatigué, absent. Et les chasseurs à l'affût, mitraillant l'animal blessé. Et j'ai eu cette petite pointe de tristesse comme chaque fois que je vois un ami glisser à pas lents vers l'après. Vite, un verre de Joie ! Un souvenir gai. N'importe lequel. Mais un beau, avec un Jacques speed, avenant, et rigolard comme je l'ai tant connu.

Ça y est, j'ai !

C'était un vrai repas annoncé à la « coince ». Je veux dire smoking de rigueur, robe du soir, perlouzes et verbe bas. Aucun éclat de voix, et surtout aucune chance de voir voler un petit bonhomme en mousse ou tourner une serviette. Et pourtant c'était un mariage. Celui de l'année dans la Corrèze du haut. Jacques et Bernadette mariaient Claude, leur fille, à un jeune journaliste politique, maître de conférences à Sciences-Po.

En 1992, le Grand n'était pas encore président, mais toute la « dirigeance » future du pays était conviée. Du lourd. Du sénateur, du député, même du Sarkozy en témoin de la mariée, c'est dire ! Plus du people légendaire. Du Gregory Peck qui me paraissait irréel tant il me semblait improbable qu'un jour je puisse ne serait-ce qu'apercevoir un pote à Freddy. Freddy, c'est Hitchcock bien entendu, puisqu'on finira par en venir aux familiarités.

Un repas de gala donc, dans le cadre somptueux du château de Bity. Les petits plats dans les grands, et les grands dans des encore plus grands. Claude avait eu l'excellente idée de regrouper à la même table ses amis de bonne humeur : Kersauson, Leeb et moi-même. Et ce qui devait arriver arriva. Blague après blague, les rires étaient de plus en plus sonores, au point que, par contagion, la Joie partie de la petite table à gauche se mit à contaminer l'assemblée.

Et c'est ainsi que ce festin qui aurait dû se cantonner à une dégustation sur fond de murmures polis se transforma peu à peu en fête bon enfant. Bon, ça n'alla pas jusqu'au slip sur la tête, mais le bon vin et la musique aidant, ce fut un vrai moment de convivialité simple et gai. Comme quoi, hein ? Avec un peu de bonne volonté, il ne faut pas beaucoup pousser les hommes pour qu'ils redeviennent des enfants.

Le Grand venait de plus en plus souvent à notre table pour cueillir la blague du moment. En cachette de Bernadette qui, elle, ne prisait pas du tout l'humour « salle de garde » dont il raffolait. Il y eut quand même une exception. Au plus fort des gauloiseries, j'ai proposé une devinette à Jacques, posté sur mon épaule.

— Tu connais la différence entre Pascal Sevran et BHL ?

— Non, mais tu vas me la dire.

— Voilà : BHL a le Petit Robert dans la tête, et Pascal Sevran, le gros Roger dans le cul !

Je t'accorde qu'elle est abominablement vulgaire. Mais le Grand les adorait, celles-là. Il est parti d'un immense éclat de rire. Ce que je n'avais pas vu, c'est que Bernadette était juste derrière lui. J'ai entendu sa douce voix dire :

— C'est vrai qu'elle est marrante. Je vais la noter.

Stupéfaction générale à la table, suivie d'un éclat de rire monumental quand le Grand s'est retourné vers elle en lui lançant, jovial :

— Ah, non, n'allez pas la raconter, vous allez confondre !

Je me demande encore aujourd'hui si justement elle n'avait pas déjà confondu. Et si la salacerie qu'elle détestait n'avait pas eu exceptionnellement sa faveur au seul fait que la vision d'un BHL sodomisé la ravissait.

À ce stade-là, on s'est dit qu'on pouvait tout oser. C'est ça, le problème des vrais Joyeux : on ne sait jamais où est la limite. Leeb a happé au passage Philippe, le gendre du jour. C'était un jeune garçon adorable, gai et digne de notre folie. Voyant que l'alcool l'avait déjà bien entamé, Kersauson l'a poussé à la dernière couche. Et au moment où l'inconscient se lançait dans quelques imitations pour amuser la table, on a eu l'éclair.

— Et si tu montais sur la scène pour imiter ton beau-père !

Légèrement titubant, il s'est frayé un chemin jusqu'au podium, a empoigné le micro, et nous a régalés d'un show irréel.

— Écoutez… Crac crac ! En tant que maire de Paris…

La tête décomposée de Bernadette !

Et nous pliés en quatre, dépouillés… Un must !

Voilà, ça va mieux.

Ma tristesse est devenue nostalgie souriante. C'est bien d'avoir des images en stock. Retiens bien ça. Accumule le plus possible de moments de franc rire ou de simple bonheur avec ceux que tu aimes, ils t'aideront à supporter mieux leur déclin, le moment venu.

En cette nuit du 22 novembre, nuit de « Mamanque », je me repasse en boucle sa robe Vichy qui tourne, tourne, au bal du 14 Juillet sur la petite place de Juillac. Elle a de longs cheveux bruns bouclés. Elle rit. L'accordéoniste fait valser ses talons hauts au bout de ses bas couture. Dieu qu'elle est jolie ! J'entends même la musique. Elle couvre le son de « mon pote le grillon » dans ma tête. Et pourtant, il a du boulot, ce soir.

— Balaie, petit grillon, balaie !

26 NOVEMBRE 2011 (23 h 30)

J'ai parlé à « Sagittaire » au téléphone. Je l'appelle comme ça parce qu'elle ne veut pas que je dévoile son identité. C'est mon extrême amie de trente ans. Plus même. Mon paratonnerre, mon garde-fou. Ou ma bouée si tu préfères. Toutes les métaphores sont bonnes du moment qu'elles évoquent le soutien, la sauvegarde et la survie.

« Sagittaire », c'est son signe astrologique. J'aurais pu l'appeler « Cancer » puisqu'elle en a un du poumon, ou « Lion » parce qu'elle se bat comme. C'est te dire si je le hais, ce crabe qui l'a choisie pour plage. C'était le premier appel de mes quatre quotidiens. Celui du matin, pour diluer les affres de la nuit, les gerbes insoutenables, les angoisses dans le noir. Alors tu penses s'il doit illuminer fort !

— Allô, ma grande, ça va ?

— Bof ! Comme un lendemain de chimio.

— J'ai trouvé ton cadeau d'anniversaire.

— C'est quoi ?

— Une boîte de crabe. Pour la vengeance. C'est toi qui vas le bouffer et pas le contraire.

J'avais quand même un doute avant de prononcer la phrase. La nuit avait peut-être été violente, et l'instant n'était peut-être pas vraiment approprié. Il y a eu un léger silence, et elle a éclaté de rire. Et puis, avec une voix d'enfant, elle m'a demandé de choisir le Chatka. C'était celui du dimanche quand elle était petite. Elle le mangeait dans le creux d'une tomate. Un double effet imprévu : non seulement je l'avais égayée, mais ça avait fait « madeleine de Proust »… Alors promis, on fera ça le 8 décembre.

Et puis elle a ajouté :

— Tant que t'y es, offre-moi aussi une robe de Gitane, pour la clope !

C'est aussi ça, la Joie : appuyer où ça fait mal pour faire du bien. Parce qu'il n'y a rien de pire que la compassion balbutiée, le sanglot dans la voix en cas de très grave.

Cette faculté à plaisanter des choses les plus dramatiques est en moi depuis toujours. Déjà tout petit bâtard, au remplissage de la feuille de renseignements à la rentrée scolaire, j'écrivais : « Né de paires inconnues. » Ça m'a coûté des beignes d'instituteur zélé, et même un renvoi. Chacun ses armes. Ça ne changeait rien à l'absence du père, mais le nez de clown a toujours été ma Légion d'honneur.

C'est ridicule, un nez de clown sur une figure triste, mais qu'est-ce que tu proposes d'autre ? Les plus beaux carnavals partent des favelas. Les histoires juives les plus drôles sont nées dans les ghettos. À quelques jours de sa mort, Groucho Marx a décidé qu'après son incinération, 10 % de ses cendres devraient être versées à son imprésario ! Et puis tiens, une superbe en passant que m'a racontée Victor Lanoux. Il l'a écrite lui aussi dans un livre, mais je sais qu'il ne m'en voudra pas de te la raconter tant elle devrait être multipliée en exemple : Sim, son ami, n'avait plus que quelques heures à vivre. Victor est entré dans la chambre d'hôpital où le génial grimacier était allongé, bardé de tubes et de tuyaux. Le visage était glabre, les traits fatigués, et soudain l'œil s'est illuminé. D'une main tremblante, il a retiré le masque respiratoire et il a dit en souriant : « Qu'est-ce qu'il faut pas faire pour faire rire ! »

À chaque deuil, à chaque maladie, à chaque accident, moi et ceux de ma famille de Joyeux ne pensons qu'à une chose. Trouver le bon mot, la réplique la plus cynique possible, pour montrer au destin impitoyable qu'il n'a pas tout à fait gagné.

Le jour de l'enterrement de mon bon Mick, mon pote de blagues et de boulot qui passait plus de temps à raconter les premières qu'à honorer le second, on a dit à sa veuve en guise d'oraison funèbre :

— On aurait préféré qu'il se tue au travail !

Elle a ri sous larmes, comme le font tous les Joyeux de notre confrérie. Car c'en est une. On se reconnaît au premier drame moqué, au premier chagrin colorié en rose. On est les peintres baroques du désespoir. On expose partout, dans les cimetières, les hôpitaux, les taudis où les pauvres crèvent d'avoir si peu, dans les palaces où les riches se suicident d'avoir trop. Partout où le ciel déverse ses trombes de larmes, on rapplique. Et hop ! Une outrance en guise de parapluie. Tu sais, le parapluie avec son manche en « J », comme Joie.

De tous ces protecteurs acerbes que j'ai connus, le maître en la matière était mon ami Olivier, mort il y a presque vingt ans en heurtant l'arrière d'un poids lourd. Ma première réflexion à sa veuve a été de lui dévoiler qu'il avait toujours rêvé de se taper un routier. Elle m'a répondu qu'elle préférait ça que le contraire. Pédé d'accord, mais actif ! Et aujourd'hui, à chaque visite sur sa tombe, je ne lui apporte pas de fleurs mais des tickets de Millionnaire à gratter. Bien fait pour sa gueule ! Non mais, c'est quoi, ces manières ? Mourir en pleine amitié, comme ça, sans prévenir !

Olivier était le champion de l'humour « sparadrap ». Celui qui ne guérit pas, mais qui empêche de saigner. C'était mon secrétaire, mon homme à tout bien faire dans les années gala. Toujours « présent », ce joli mot à double sens qui évoque soit la proximité soit le cadeau. Il était évidemment les deux. « Absent » est un mot qui hélas n'a qu'un sens.

Dieu qu'il me manque !

J'ai confié notre dernière photo ensemble à « Freude ». C'était indispensable.

Une nuit d'avril glacial, sur l'autoroute de l'Ouest, alors qu'il me suivait à quelques kilomètres, le verglas m'a fait exploser. J'ai tapé dix fois en tournoyant contre les rambardes. Un choc terrible. Ma roue avant avait fini sur le pont de l'autoroute. Le coffre était désintégré et toutes mes affaires d'artiste éparpillées sur deux cents mètres. J'étais debout, chancelant, à côté de la voiture. Olivier m'a avoué plus tard qu'en voyant au loin dans ses phares ma voiture atomisée il s'était glacé de peur. C'est seulement après m'avoir aperçu debout sain et sauf qu'il avait décidé d'enclencher le scénario « sparadrap ».

Il s'est garé, est sorti en furie de sa voiture et m'a hurlé :

— Putain, mais c'est quoi ce bordel ! Je m'emmerde à ranger tes affaires bien proprement dans le coffre, et voilà le résultat. Un pantalon ici, une chemise là. Monsieur me prend pour son larbin, c'est ça ? La vedette a tous les droits. Et évidemment, il va falloir que je ramasse tout. Je croyais que tu étais mon ami et tu fous tout mon travail en l'air. C'est une honte.

Et je suis tombé dans ses bras en éclatant de rire. Il m'a repoussé violemment.

— Et en plus il fout du sang sur mon costard tout neuf, ce con ! Je te préviens, le pressing, c'est pour toi !

C'est ça, un vrai ami. Celui qui colle d'abord un sourire sur tes plaies. C'est Olivier qui, lorsqu'il est entré dans ma chambre d'hôtel, alors que je venais d'apprendre la mort de mon fils à moto, m'a lancé la plus belle phrase de condoléances : « Il a imité Coluche mieux que toi. » Il fallait plus que de l'amitié, il fallait du génie.

— Parce que ça te fait marrer, toi, de perdre ton fils ! grince le « Teigneux ». T'es vraiment un pourri et ton pote avec. Je lui aurais mis deux mandales, moi, à ton génie. Ça va pas de déconner avec la mort ! C'est vachement grave, la mort. C'est pire qu'Hitler, ça tue pas que les juifs, ça tue tout le monde !

Petite parenthèse pour te signaler que le « Teigneux » est antisémite. Il est aussi homophobe, pour la peine de mort et en arrêt maladie, même s'il est en bonne santé, c'est pour ça qu'il a du temps pour se lâcher sur le blog. Parenthèse fermée. Vas-y, reprends, mon gars !

— Il y a deux mois, j'ai perdu ma meilleure amie, amuse-toi à faire une allusion rigolote et je te massacre.

— C'est quand même mieux que d'avoir perdu ton chien.

— Pardon ?

— Ben oui, c'est le chien le meilleur ami de l'homme, pas la femme. La preuve : dis à ta femme d'aller mettre ton chien dans le coffre de ta voiture, et au moment où elle le met, tu la pousses dans le coffre et tu fermes. Quand tu reviens deux heures après et que tu les libères, c'est qui qui te fait la fête ?

— Alors là, je vais venir t'éclater la tête…

— Eh non !

— Pourquoi ?

— Parce que c'est moi qui t'ai inventé et je te sors quand je veux… Allez, à tout à l'heure.

Décidément, il me plaît bien, ce « Teigneux ». Il m'en ferait presque oublier « mon pote le grillon » qui vient de se mettre à passer l'aspirateur. Parce que, entre « Sagittaire », Mick, Olivier et mon fils, il y a de la suie à dégager. Mais il faut bien que je l'illustre par l'exemple, cette Joie en cas d'extrêmement grave que je tente de t'instiller en perfusions lentes. Mais, je te rassure, on ne va pas passer tout le bouquin au cimetière non plus. Tu veux qu'on aille faire un tour à l'hôtel ? OK… Sofitel ou Carlton ?

Ben oui, tu me connais ! Je n'allais quand même pas disserter sur les bienfaits de la gaieté sans passer largement par le « Sexe Joyeux ». Je vais en parler un peu dans ce chapitre, et un peu plus après, histoire de diluer le plaisir. Et ne viens surtout pas me dire, comme je l'entends si souvent, qu'il n'y a pas que le cul dans la vie. Je le sais. Mais s'il n'y avait pas le cul, il n'y aurait pas la vie !

Élémentaire, mon cher Watson !

Mon livre *Vitriol Menthe* était déjà un exposé approfondi des vertus bienfaitrices de la fesse débridée et heureuse. Si c'est seulement ça qui t'intéresse, oublie ce bouquin et passe directement à l'autre. Mais il te manquera quand même quelque chose. Parce que lorsque j'ai écrit cette ode à ma copine Denise, ma maman de nuit, j'ai oublié un paragraphe. Ou plutôt, je l'ai rayé. Exceptionnellement. L'anecdote aurait pu blesser à l'époque ma petite-fille, l'enfant posthume de mon fils Sébastien, née six mois après sa mort. Je l'avais occultée à l'époque, mais je peux te la raconter maintenant, elle la connaît.

Quand mon fils est parti, sa compagne était enceinte de deux mois. Aujourd'hui, Marie a vingt ans. Elle m'accompagne chaque soir dans ma tournée d'imitateur. Elle a appris à me connaître. Elle sait mes excès et ne m'en aime que plus. Elle sait que son « Papy fou », comme elle l'appelle, est un dingue, un généreux, et surtout un sale gosse mal grandi doublé d'un idéaliste barré assoiffé de plaisirs. Alors elle peut tout me pardonner, y compris ce que je ne ferai jamais. L'anecdote la concernant aurait pu la choquer. Alors j'ai attendu qu'elle ait dix-huit ans pour lui en parler. Quand j'ai eu fini de la lui raconter, elle a juste souri, m'a saisi par le cou pour m'embrasser tendrement, et m'a dit… Non… Finalement, je l'écrirai après, ce qu'elle m'a dit. Tu ne comprendrais pas.

C'était en janvier 1991. Marie était née le 24. Cette naissance, c'était l'éternité de mon petit. C'est te dire comme elle m'avait bouleversé. Il fallait que je la partage avec une qui comprendrait vraiment, une qui savait tout de la vie, du plus noir de ses basses-fosses au plus clair de ses ciels de lit. Denise. La belle Denise, patronne du 41, la boîte libertine la plus courue de Paris à l'époque.

Dans *Vitriol Menthe*, j'ai raconté ce lien étrange et magnifique qui me lie à elle. Bien au-delà des nuits de délires et d'extravagances en tout genre. Une fusion d'âme parfaite qui fait qu'encore aujourd'hui je n'ai pas besoin de lui parler pour qu'elle sache tout de moi. Nous avons partagé tant de rires, tant de désespoirs, tant de regards complices sur les naufragés de la nuit. Denise et moi, c'est le tronc et le lierre. Unis en plein soleil comme au cœur de la tempête. Et dans celle qui m'avait pris le petit, elle m'avait prêté ses racines. Au plus près, toujours. On avait pèleriné au cimetière ensemble de temps en temps, juste nous deux. On lui avait parlé. On avait ri ensemble, assis sur le rebord de la pierre. À tout hasard. Peut-être que les âmes mortes s'ennuient. Alors, pour la naissance de la gamine, imagine mes yeux quand je les ai plantés dans les siens pour lui annoncer qu'elle était enfin arrivée.

La boîte était bondée, la musique au taquet, et pourtant on avait l'impression qu'il n'y avait que nous. Et des larmes, des larmes. Elle a attrapé deux coupes de champagne et on les a levées haut en lançant ensemble, sans l'avoir prémédité : « À la vie ! » Je l'ai serrée encore plus fort contre moi. Et puis, sans un mot, je l'ai retournée brutalement contre le comptoir, j'ai relevé sa robe et je l'ai prise. Vite. Sans caresse. Violemment. À la mesure de ce sale destin qui m'avait défoncé le cœur. Ça n'a pas duré plus de deux minutes. Elle s'est retournée vers moi, le visage inondé de sueur et de larmes. Elle était illuminée du plus beau sourire que je lui aie jamais connu, et elle m'a glissé à l'oreille :

— Tu vois, cette petite… Si c'est pas une salope, ça sera pas notre faute !

Il y avait tout. Le désespoir, la Joie, la vie, la mort. Tout. C'est la plus belle phrase qu'on m'ait jamais dite. Quand j'ai raconté ça à Marie, il y a deux ans, elle m'a embrassé comme je te l'ai dit plus haut, et elle a lâché en souriant :

— Je ne suis pas une salope, Papy, désolée… Mais, même si j'en étais une, ce ne serait pas votre faute non plus !

Je suppose que si je donne la parole au « Teigneux », il va m'en balancer des tonnes. Me traiter de détraqué sexuel, de malade mental, et me donner l'adresse d'une clinique où on soigne les pervers comme moi. Mais je n'ai pas envie de le laisser parler. Pas là. Pas maintenant. Le souvenir est trop beau. Trop parlant. Surtout pour toi qui dois commencer à bien envisager où je veux t'emmener.

Tu commences à la saisir la nécessité d'outrance dans les cas d'extrême blessure ? Le bouclier, le gilet pare-balles parce que le destin attaque chaque jour à feu nourri. Tiens, c'est marrant, la métaphore guerrière me fait penser à une journaliste connue, reporter émérite. Elle m'avait avoué qu'elle avait eu ses plus grands orgasmes dans des ruines, en plein carnage entre deux tirs de mortier. Pour conjurer l'extrêmement tragique. Et pourtant, elle n'était pas clown grossier, elle.

L'autodéfense sarcastique outrée est à la portée de tous. Je crois qu'il n'y a que les blessés de peu qui enveniment leurs tracas. Une contravention, une cheville tordue, un blâme de sous-chef, et ils s'offusquent, ruent dans les brancards en accusant pêle-mêle Dieu et Sarkozy. Tu les connais, ces blafards qui se plaignent pour un rien d'une grisaille perpétuelle, alors qu'au-dessus de leur tête ne planent que quelques stratus presque transparents. Tu en es peut-être, et moi-même j'en fais partie parfois. Mais j'ai mes antidotes, mes souvenirs magnifiques dans lesquels je puise à l'envi. Je vais te confier un de mes plus utiles. Celui qui me dégrise tout de suite quand j'ai la faiblesse de m'apitoyer pour du tracas routinier. Je te le donne. En cas de morosité, n'hésite jamais à t'en servir.

C'était à la fondation McDonald de Villejuif. Une maison d'accueil pour les parents qui accompagnent leurs gamins au plus près dans leur lutte contre le cancer. J'étais là en visite de soutien, comme ça m'arrive souvent. Les petits chauves m'ont toujours bouleversé. Et leurs parents presque autant. Avec la question que j'ai lue chaque fois dans leurs yeux : « Si Dieu existe, comment peut-il permettre ça ? » Ils sont magnifiques de dignité, ces hommes et ces femmes qui mentent l'espoir à chaque sourire. Les yeux pleins à ras bord, serrant les paupières pour ne pas pleurer. Encore plus que les dents pour ne pas crier.

Jeremy avait douze ans. Il m'avait sauté au cou parce que j'étais le « monsieur qui invente les magiciens à la télé le samedi ». Et il avait fait le show. Les acrobates, les jongleurs, il les avait tous fait défiler dans le petit couloir de l'hôpital. Et puis il m'avait pris par la main et m'avait entraîné dans sa chambre en demandant à ses parents de ne pas le suivre.

— Viens voir mon secret !

Je le connaissais, son secret. Jeremy avait un lecteur de cassettes sur lequel il écoutait mes chansons en boucle. Il ne s'endormait qu'avec ça. Tous les soirs. Ses parents m'avaient contacté en m'annonçant d'emblée qu'il n'en avait que pour quelques semaines et que je pouvais réaliser son dernier rêve. Me rencontrer.

Sa chambre était tapissée de dessins, où je reconnaissais ma tête blondasse jaune paille encore plus décolorée qu'elle l'était à l'époque. Il m'en a offert deux et a enclenché la musique. Un karaoké bouleversant. Il mimait, riait en se balançant au-delà de ses forces. À la fin, il a salué et j'ai applaudi. Je l'ai félicité :

— Magnifique, Jeremy… Je suis fier. J'ai jamais vu quelqu'un faire ça aussi bien !

— À part toi, m'a-t-il rétorqué.

J'ai ajouté, en prenant l'accent le plus sincère possible :

— T'as une pêche d'enfer, t'es en super forme !

Et là, il m'a regardé droit dans les yeux, et il a lâché :

— Non, je suis pas en forme. Je vais mourir dans pas longtemps, je le sais. Mais ça me fait pas peur. Si je fais le clown tout le temps, c'est pour mes parents. Ils ont vraiment du mal à supporter ça. Je les vois tellement tristes. Il faut que je les aide.

Ce sont ces images-là que je me projette quand le moral dérape. Je ferme les yeux, je m'invente un grand tableau noir. Et Jeremy qui trace dessus à la craie : « Il faut que je les aide. » Puis le petit homme tondu se retourne vers moi et éclate de rire.

C'est pour ça que « Freude » possède un bâton de craie. Je sais que tu dois commencer à te poser des questions sur ce « Freude ». Sois patient. Je t'expliquerai le moment venu.

Mais il est hors de question que, cette nuit, je finisse là-dessus. Parce que « mon pote le grillon » continue à passer l'aspirateur, et qu'avant d'aller dormir il faut que je le calme. Alors une petite anecdote authentique. Une vraie rigolote. Comme un pousse-café pour bien finir le repas… Attends… Je cherche…

— À propos de repas, pourquoi pas les cuisses de grenouilles ?

— Qu'est-ce que tu dis, Maman ?

— Les cuisses de grenouilles, tu te souviens, après le gala, au restaurant.

— Merci, Maman.

Heureusement qu'elle est morte. Si elle n'était pas sur mon épaule, je n'y aurais pas pensé.

Ça se passe dans un restaurant de nuit après un spectacle d'été. À une heure du matin, le patron nous avait attendus pour nous régaler en personne de ses talents de cuisinier. Il était adorable, tout ému de nous servir, moi et trois musiciens de la troupe, plus nos « Lulu » du jour. Pas nos régulières. Non, les suiveuses de fond qui ont tant illuminé nos nuits de vagabonds. Les étoiles filantes. Les essentielles à la Joie. Passantes, mais jamais lassantes. Le privilège de l'intérim.

Maman était là. Encore belle à quarante-deux ans et j'ai senti l'aubergiste assez sensible à son charme. La réciprocité n'était pas exclue. Au moment de choisir le menu, elle a craqué sur les cuisses de grenouilles.

— T'es folle ! ai-je lancé. Il est une heure du mat. Prends un truc simple.

Le taulier, empressé et charmeur, s'est précipité sur l'occasion.

— Bon, c'est vrai, il faut trois quarts d'heure pour les préparer, mais c'est mon meilleur plat. Je veux absolument que vous le goûtiez. Ça me fait tellement plaisir de vous faire plaisir, madame.

Alors, j'ai lancé :

— Cuisses de grenouilles pour tout le monde !

Trois quarts d'heure plus tard, le chef a ouvert la porte à battant d'un pied solide en annonçant, radieux :

— Et voilà les cuisses de gre…

Le battant de la porte en se refermant a abrégé l'annonce. Et les cuisses de grenouilles ont valdingué sur le parquet. Il y eut un court silence suivi d'un éclat de rire général. On encouragea d'ailleurs le chef qui se confondait en excuses à rire avec nous. Ce qu'il fit un peu à contrecœur. Tout ça n'était pas si grave. C'était l'été. On buvait en attendant, et, bien entendu, l'alcool avait sa part dans la dédramatisation de l'incident.

Au moment de choisir un autre plat, il y eut un léger flottement. Et puis on entendit le chef glisser à mi-voix à Maman :

— Je peux vous en faire d'autres, mais ça prendra encore trois quarts d'heure.

Je m'apprêtais à stopper là le « marathon des batraciens », quand Maman le regarda avec des yeux de velours en murmurant :

— Vous êtes vraiment trop gentil.

Je ne pouvais pas la priver de son plaisir du jour, et, va savoir, de bien d'autres saveurs, tant leurs regards croisés étaient ardents. J'ai lancé :

— Vendu… On a tellement attendu, on les mérite.

Et allez ! Deuxième service.

Au bout de trois quarts d'heure supplémentaires, le chef s'est présenté avec le plat de cuisses de grenouilles tant espéré. Il prit bien soin de passer avec lenteur et précaution l'écueil de la porte battante. Malheureusement, tout pressé de régaler Maman, trois quarts d'heure plus tôt, il en avait oublié de nettoyer les restes de cuisses et d'huile sur le parquet. Il fit une cabriole digne du *Plus Grand Cabaret du monde*… Le fou rire général dura bien dix minutes. Certains se tenaient le ventre. On termina la soirée au saucisson-fromage dans une ambiance de fête extraordinaire. Et au moment de partir, Maman me suggéra de ne pas l'attendre.

— Le pauvre, avec tous ces problèmes, je vais lui donner un coup de main pour ranger. Je vous rejoindrai plus tard.

— Mais bien sûr ! ai-je dit tout sourire en quittant la mare aux grenouilles.

Maman me tape sur l'épaule.

— Je ne sais pas ce que tu t'es imaginé ce soir-là, mais je suis vraiment restée pour lui rendre service.

— Tu me le jures ?

— Va dormir, demain, tu seras fatigué.

— Ah non, c'est pas ce que tu m'as dit cette nuit-là. Tu m'as dit : « Elle est jolie, ta Lulu du soir, en plus, elle est sympa… La rate pas ! »

— Non, je te le dis maintenant : va dormir, c'est la fin du chapitre.

— OK.

Et avant de fermer l'ordinateur, je me tourne vers mon épaule et je murmure :

— On s'est bien marrés quand même !

— Oh oui. Et on a bien fait. Si on savait le temps qu'il reste, on profiterait encore plus du temps qui passe.

Tu l'as notée, celle-là ?

Bien… Je suis content de toi, ça commence à rentrer.

4 DÉCEMBRE 2011 (5 h 05)

J'attaque juste, tant que c'est chaud. Comme tu as remarqué, il est très tard, et je finirai demain. Mais je voulais lâcher un peu de lest au bout du voyage. Tu parles d'une balade ! Mille cinq cents kilomètres en deux jours. Seul au volant. Pour aller faire l'artiste çà et là.

Un « week-end » de brouillard et de pluie. Tu sais, le premier de décembre, toujours gris. Sale. Froid. Celui du Téléthon, histoire que la télé rajoute du désespérant à ton triste, juste le jour où la météo te tombe dessus en averse et en engelures. Bon, d'accord, en face, sur TF1, il y a l'élection de Miss France. Exprès. On pourrait croire que c'est pour faire gai. Pour l'arc-en-ciel. Penses-tu ! C'est uniquement pour l'Audimat. Ils le savent bien, les filous, que le spectacle des fauteuils roulants est anxiogène. Alors, ils l'ont scotché ce jour-là, le comice agricole de la nymphette. En parfaits marchands. Parce que, vu la concurrence, ils sont sûrs de faire le plein de spots et de se gaver. Et qu'importe s'ils privent le myopathe de quelques deniers supplémentaires. C'est pas leur problème. C'est pas leur monde.

Leur monde, ce n'est plus le mien. Comme je te le confiais avant, je m'y sens de plus en plus mal, dans la petite boîte. Plus qu'à l'étroit. J'y étouffe. Ces derniers temps, toutes chaînes confondues, les nuisibles y ont été déversés par dizaines. Blattes, cafards et termites, ils squattent en toute impunité. Une colonie de cyniques arrivistes planqués et magouilleurs. Je fais partie de ceux qui les horripilent. Un caillou dans la chaussure. Obligés de marcher avec moi tant que le public suit, mais une envie pressante de m'envoyer à la casse. Et tous les coups bas qui vont avec. Mais bon, je ne vais pas m'étendre pour l'instant, tu ne comprendrais pas tout.

On y reviendra un peu plus loin.

C'était juste pour dire qu'entre le brouillard, la pluie, le grillon, l'ossuaire de ma mémoire, le crabe de « Sagittaire », les coups de poignard au boulot entre autres, ça ne peut pas mieux tomber pour illustrer mon propos : comment résister au morose et à la déprime ? À l'envie de se blottir au chaud d'un triple whisky, un vieux blues en fond sonore et le flingue à portée de main, au cas où… Parce que les deux jours qui viennent de passer en ont rajouté une grosse couche.

« Sagittaire » d'abord. À secourir, à décoller du fond depuis sa dernière visite de contrôle. Un jeune toubib crétin l'a démontée en deux phrases :

— Y a un léger mieux, mais ne vous faites pas d'illusions. C'est inguérissable et la maladie finira par gagner.

Comment peut-on oser dire une énormité pareille ? La raison : une lubie de la médecine nouvelle. Il faut dire la vérité au patient pour l'aider à mieux la vivre. Et l'inconnu, abruti ! T'en fais quoi, de l'inconnu ? Élie Kakou est mort du sida. La trithérapie est arrivée deux mois plus tard. À soixante jours près, elle nous ferait encore marrer, Madame Sarfati.

Alors forcément, je suis en colère depuis. Et je me suis épuisé à parler à « Sagittaire ». À multiplier les blagues de mauvais goût :

— C'est un toubib qui dit au malade : « J'ai une bonne et une mauvaise nouvelle.

— Commencez par la mauvaise.

— Vous en avez pour deux jours.

— Et la bonne ?

— Vous voyez la petite infirmière là-bas, la très jolie ?

— Oui, et alors ?

— Alors, je l'ai baisée ! »

« Sagittaire » a souri à peine. Ce n'est que bien des heures après que j'ai quand même fini par la faire éclater de rire en lui racontant l'histoire du sanglier qui dit au cochon : « Ça se passe bien, ta chimio ? » Elle a fini par accepter qu'il y ait des cons partout, et que bien sûr que c'est guérissable… Bien sûr.

Mon Dieu, ce que c'est violent de mentir gai !

Parce que je doute, moi… Évidemment que je doute. Que j'envisage le déclin. Que je redoute l'issue. Et je me pleure dedans au goutte-à-goutte. Sans interruption. Même hier soir, au plus fort des rires dans la salle de théâtre bondée. Il me fallait bien ça. Un bon gros shoot d'applaudissements en cascade. Et des rires, des rires. De l'amour en vagues. Et au bout du dernier autographe, de la dernière étreinte, le cadeau :

Elle avait quoi ? Quatorze, quinze ans. Une gamine, les larmes aux yeux. Un instant, j'ai eu le doute qu'on l'ait forcée à venir me voir. Il faut dire que mon public a vieilli avec moi. Une majorité de quinquas. Alors la petite ado mimi au string à dix centimètres au-dessus du jeans, c'est de l'inattendu, voire de l'égarée. Mais non, ses yeux brillaient d'admiration. Quant à en chialer, il y avait quand même de quoi se poser des questions. Alors je l'ai prise par l'épaule, et je l'ai emmenée à l'écart.

— Ben alors, ma poule, faut pas pleurer comme ça ! T'es triste ?

Elle a secoué la tête de droite à gauche en souriant, le visage toujours baigné de larmes.

— Alors tu pleures de joie ?

— Oui.

— Franchement, y a pas de quoi se mettre dans cet état. C'est parce que tu m'aimes bien ?

Elle m'a enlacé et m'a soufflé un grand : « Oh, oui ! »

Bon, je comprends que « le petit bonhomme en mousse » ait pu bercer son enfance, ça m'arrive de plus en plus souvent. Mais ça s'arrête au grand sourire et à la photo de groupe. Ça peut aller jusqu'au coup de téléphone à la famille, mais jamais jusqu'à l'épanchement lacrymal en fontaine.

— Ça te fait tant plaisir que ça de me voir ? ai-je murmuré.

Elle m'a regardé dans les yeux et m'a dit :

— Il y a deux ans, j'ai failli faire une grosse bêtise. Mon père battait ma mère. Alors je me réfugiais dans ma chambre et j'écoutais tes chansons. C'est grâce à elles si je ne me suis pas suicidée.

Il est pas beau, le cadeau ? La chansonnette de fin de banquet qui sauve des vies. Sûr que le « Teigneux » doit se dire :

— Il manquait plus que ça ! V'là qu'il nous la joue Bernadette Soubirous ! La chanson paillarde en cantique, et la cuve de pinard en guise de piscine miraculeuse. Faut pas charrier, blaireau ! Lazare, lève-toi et marche, on va faire tourner les serviettes ! Non mais franchement, tu crois pas qu'on va l'avaler, celle-là ?

Et pourtant ! C'est une rencontre parmi tant d'autres qui m'ont enseigné qu'on peut joindre le futile, non seulement à l'agréable, mais aussi à l'essentiel. Mes chansons de fête ont résonné dans les circonstances les plus improbables. J'en connais au moins trois qui ont absolument tenu à se faire enterrer au son du *Petit Bonhomme en mousse*. J'en ai même « tué » un, dans le studio de Bry-sur-Marne.

C'était à la fin de la répétition du bientôt défunt, lui aussi, *Plus Grand Cabaret du monde*. Avant le grand tournage du soir, l'ultime mise en place de l'après-midi se termine toujours par ma chanson traditionnelle. Ce jour-là, c'était *Les Sardines*. Une stupidité sautillante qui impose à ceux qui la chantent une chorégraphie gesticulante assez épuisante. Dans la salle, assises aux tables, étaient installées ce qu'on appelle des « doublures lumière ». Des amis, la plupart du temps, squattant les places des stars invitées du soir, afin de régler les différents plans de caméras et les effets de lumière.

Il y avait un monsieur d'un certain âge assez enveloppé. Il était jovial et déchaîné. Et quand les danseuses, à la fin du morceau, pendant lequel il avait chanté et bondi de toute son énergie, l'ont enlacé, je l'ai vu chavirer de bonheur… Et puis chavirer vraiment. Tituber et s'affaler au sol… Le cœur… Il est resté comme ça presque une heure, au pied de la scène, allongé dans les confettis. Les pompiers ont tout tenté pour le ranimer. En vain.

L'étrange culpabilité qui m'a miné pendant les jours qui ont suivi a été balayée par un message de sa veuve. Je m'attendais à des reproches accablants, et j'ai eu droit aux remerciements les plus inattendus de ma vie. Elle m'a assuré que, sachant son admiration pour moi et mes airs festifs, son mari ne pouvait pas rêver plus belle mort : une de mes chansons aux lèvres, et le baiser de quatre sublimes danseuses en guise d'extrême-onction !

Je ne pouvais quand même pas classer cette reconnaissance inattendue dans la catégorie « Souvenirs Joyeux ». Alors, j'en ai fait juste un accroche-cœur. Vu la cause du décès, le mot est approprié. Je l'ai rangée en mémoire au milieu des mille petits éclats de paillettes qui ont fait scintiller ma vie d'homme de télévision.

Tiens, puisqu'on en parle, arrêtons-nous quelques instants sur cette partie de mon iceberg la plus visible. Puisqu'il est plus que certain qu'au soir de mon trépas ils titreront mon départ : « L'animateur de télévision Patrick Sébastien est mort. » Comme si je n'avais été que ça. Ce sera certainement mon plus grand regret posthume. Mais, hélas, la célébrité condamne à être réduit à ce qu'on étale plus qu'à ce qu'on est. Bien fait pour ma gueule, j'avais qu'à pas la montrer !

Pour illustrer mes bonheurs de pitre cathodique, je pourrais faire le panégyrique des innombrables fêtes que j'ai organisées sur le petit écran. Mais ce serait fastidieux, vaniteux, et moi-même, je m'y ennuierais. La démonstration tournerait à une forfanterie d'ancien combattant qui exhibe ses médailles. Et puis, ma mémoire dans ce domaine est assez confuse. C'est étrange d'ailleurs comme je me souviens beaucoup plus clairement des sourires insignifiants que des succès éclatants.

En trente ans de télévision, il y a eu les records d'audience, les stars, les plus beaux numéros venus du monde entier. Des centaines de rendez-vous du samedi avec la France profonde. Des milliers d'étoiles plantées au regard des enfants d'aujourd'hui, d'hier et même d'avant-hier. Et pourtant, quand on me demande d'illustrer cette Joie-là, c'est toujours les deux mêmes anecdotes qui me viennent en premier. Elles ne sont même pas exceptionnelles. Presque insipides. C'est une phrase d'enfant et un mot d'adultc. Un émerveillement et une gaffe monumentale.

L'émerveillement, c'est ce gamin que j'ai croisé dans les couloirs du studio, alors que je déambulais, déguisé en Coluche de la tête aux pieds. Il y avait tout : la démarche, la rondeur, et la maquilleuse m'avait dessiné un visage absolument ressemblant. C'était quelques mois après que le clown soit tombé de moto.

Le gamin s'est arrêté net, il m'a souri et m'a lancé tout Joyeux :

— Salut, Coluche !... Alors, c'est bien au ciel ?

La gaffe, c'est une chanteuse que j'avais eu l'idée de déguiser en Ella Fitzgerald. Les habilleuses avaient coutume de rembourrer avec du coton ceux à qui il manquait quelques rondeurs pour avoir la taille copie conforme du modèle. La chanteuse qui devait se glisser dans la peau d'Ella était déjà ronde, c'est d'ailleurs pour ça que je l'avais choisie. Mais j'avais réclamé un supplément d'épaisseur pour être totalement raccord. Quand elle est arrivée sur le plateau, je l'ai saisie par la taille et j'ai dit, admiratif :

— Beau boulot des habilleuses. Elles t'ont super bien rembourrée !

Et la chanteuse, enrobée seulement de ses formes généreuses, a tué mon enthousiasme d'un mot :

— Non.

Cet émerveillement et cette gaffe clignotent toujours plus que les autres quand je repense à mes Joies d'avant. Futiles, à l'image de ce qu'on présentait en parfaite insouciance. Allez, je te le fais quand même, l'ancien combattant :

— C'était le bon temps !

On se déguisait. On pouvait rire de tout. On s'amusait vraiment, sans sentir au-dessus de la tête le couperet de l'audience à tout prix et de la censure moralisatrice.

Quand j'ai connu la télé, c'était une fenêtre. Et puis, à l'arrivée de la « trash réalité », elle est devenue trou de serrure. Aujourd'hui, c'est une vaste décharge publique dans laquelle quelques vieux fous comme moi tentent de faire pousser des fleurs entre les détritus. Alors, je « nostalgise » et surtout je fatigue. Je ne vais pas tout mettre sur le dos d'une liberté perdue. Il y a l'usure aussi. L'érosion d'une routine en paillettes certes, mais qui me contraint bien plus qu'elle me remplit de satisfaction. Mais quelles que soient les raisons du désenchantement, je me pose la question chaque jour : cette Joie indispensable à la survie, où est-elle passée ?

— Tu as raison de t'interroger, mon petit, glisse Maman à mon oreille. Je te vois, tu sais. Bien sûr, tu gagnes de l'argent. Bien sûr, cet écran te renvoie ton orgueil en 16/9. Mais tu ne ris plus assez. Tu n'as que des entractes de bonne humeur. Ton quotidien de lutte perpétuelle avec les décideurs, les jeunistes et la concurrence déloyale te grise la mine. Tu scintilles un soir par mois, et le reste du temps, tu te détruis dans des luttes où tu ne peux pas gagner. Parce que ce monde-là a changé et tu n'as pas changé avec.

— J'aurais dû ?

— Surtout pas. Je te préfère idéaliste que cynique.

— Merci du conseil. Alors je fais quoi ?

— Ce que tu veux, mais tu dois sauver ta peau. Même s'il faut l'emmener promener ailleurs. Pense à ta santé. Lily s'illumine chaque fois que tu apparais sur l'écran. Mais je suis sûre qu'elle préfère regarder la télé sans papa dedans, que sans papa à côté d'elle. C'est aussi simple que ça.

— Je vais y réfléchir.

— C'est ça. Mais n'attends pas trop quand même.

C'est vrai qu'on ne s'amuse plus vraiment à la télé. La petite échoppe est devenue centre commercial avec objectif de rendement et retour sur investissements. Le temps des audaces, des enthousiasmes potaches est révolu. Le moindre projet de rigolade bon enfant est passé au crible de conseils de surveillance intransigeants sur les débordements de la légèreté. Les débats de société, les magazines d'analyse, les séries policières où l'inceste, le découpage au scalpel et l'éventration sont monnaie courante, d'accord ! Mais la farce à deux balles, l'insouciante légèreté du saltimbanque, non !

Alors, le poisson-clown s'épuise à zigzaguer entre les requins-tigres et les murènes.

L'envie d'arrêter tout se fait de plus en plus pressante. Passer d'un écran à l'autre. Abandonner le petit pour prendre le large. Me zapper avant que d'autres le fassent. Avant qu'on me convoque pour me dire que je suis trop vieux, passé de mode, périmé. Comme ils l'ont fait à Jacques Martin. Il en est mort, le pauvre.

Et puis surtout, ne pas faire le combat de trop. Ne pas m'accrocher à un fond de grille qu'on m'aura offert en reconnaissance pour services rendus. Ne pas m'étioler à vue, comme tant de mes vieux complices, juste pour la fierté d'y être encore. Alors, j'envisage de plus en plus d'éteindre les lumières de mon cirque du samedi pour aller voltiger sur d'autres pistes. Même si je sais que la brillance sur écran plat est une addiction bien plus violente qu'on peut l'imaginer. Je connais tant d'ex-stars de télé qui souffrent le martyre. Ils sourient faux en mentant à tout va :

— La télé, on peut très bien vivre sans. Elle ne me manque pas du tout !

J'en ai vu se noyer dans l'alcool, se rider avant l'âge. Des vieux piliers d'avant en rupture de popularité, aux comètes de la téléréalité, j'ai connu tant de désespoir, tant de mal-être. La lumière cathodique est une drogue dure. Et dans son sevrage, rien ne peut faire méthadone.

Alors, j'hésite. Mais j'y pense de plus en plus.

— En voilà une nouvelle qu'elle est bonne ! exulte le « Teigneux ». Tu veux raccrocher ? Il était temps. Parce qu'on en avait vraiment marre de ta gueule. De tes acrobates ukrainiens, de tes magiciens slaves et de tes clowns italiens. On va enfin pouvoir allumer la télé sans tomber sur tes jérémiades qui n'apitoient que toi. Et au passage, je me permets de te signaler que tout ce que tu viens d'écrire, on s'en fout à un point que tu peux même pas imaginer. Oh, là, là, quel drame ! Monsieur tremble de pas pouvoir se désintoxiquer de la petite lucarne. Passe-moi un Kleenex ! Pas pour pleurer, pour essuyer les traces de crasse sur l'écran, tant que tu y sévis encore... Tiens, je vais m'ouvrir une bière pour arroser ça !

Il a raison, le « Teigneux ». Qu'est-ce que ça peut te faire à toi qui me lis, perclus de douleurs bien plus lancinantes ? Il a raison, mais il a tort aussi. Parce que si je te parle de ça, c'est, comme tout ce que je te confie depuis le début, pour que tu l'adaptes à ta propre vie. Et si toi aussi, tu te demandais où est passée ta Joie ?

Ton couple qui suffoque de routine, de tristesse et de contrainte, bien sûr que c'est difficile de l'exploser. Bien sûr que toi aussi tu es accro, mais ça fait combien de temps que tu n'as pas vraiment souri ? Et toi qui vas au boulot, le dos plié. Toi qui ne supportes plus le sous-chef du dessus qui t'humilie, te nie, t'exploite. Et si tu lui disais :

— Tchao, mon gars ! OK, je vais ramer, mais à quoi ça sert de perdre sa vie à la gagner ?

Comme je te le disais en préambule, être Joyeux, ce n'est pas forcément monter sur les tables et chanter des chansons. C'est aussi avaler un clown avec nez rouge et grosses chaussures qui fait des pieds de nez à l'ennui. Et qui peut quitter la piste quand bon lui semble pour buissonner dans les gradins.

Le bonheur, c'est aussi choisir ses chemins de traverse.

À force de passer sur des ponts, on finit par en oublier qu'il y a des rivières dessous. On en oublie le clapotis, le courant, les algues, les poissons et les roseaux. On en oublie la vie. Et on a gagné quoi ? Du temps pour arriver plus vite à un autre pont.

À force de faire des enfants, on finit par en oublier de les continuer. On en oublie leurs peurs, leur éducation, leurs doutes. On en oublie la vie. Et on a gagné quoi ? Du temps pour travailler au confort social qui permettra d'en faire d'autres.

À force d'accepter l'inacceptable, on finit par s'oublier soi-même. On oublie ses plaisirs, ses envies, ses convictions. On en oublie sa vie. Et on a gagné quoi ? Du temps pour palabrer au sujet du bulletin qu'on mettra dans l'urne.

Elle porte bien son nom, celle-là !

C'est là où on incinère nos rêves.

Aujourd'hui, la Joie guérisseuse ne dépend que de ma volonté de briser mon jouet avant qu'il s'effrite entre mes doigts. Se passer d'elle est aussi stupide que de plonger dans un lac pour se protéger de la pluie. Quand les emmerdements tombent à verse, il faut vraiment être débile pour ne pas enfiler une capuche.

On verra bien. On va laisser le temps au mauvais temps. En tout cas, si je persiste et ne signe pas pour des émissions supplémentaires, c'est que j'aurai choisi la capuche. Elle sera rouge bordée de fourrure blanche. Comme celle du Père Noël. Parce que j'y crois encore. D'ailleurs, voici ma lettre pour ce Noël 2011 :

« Cher Papa Noël,

Il y a deux ans, tu m'avais apporté un cancer de la peau. Je l'ai cassé. Arrange-toi pour que le prochain soit plus solide. En revanche, je veux encore te remercier pour la petite poupée tahitienne que tu m'as livrée il y a quatre ans et qui fait mon bonheur. Elle dit tellement bien : “Papa, je t’aime !”, qu’on croirait qu’elle est vraie. C’est le plus beau cadeau que tu m’aies jamais fait. Pour cette année, si tu pouvais juste arrêter de m’enlever ceux que j’aime, tu me gâterais au-delà de mes espérances. Et en plus, ça t’éviterait les frais d’emballage. Pour le reste, ne t’étonne pas si en sortant de la cheminée tu ne vois pas de sapin. Des ébénistes me l’ont confisqué pour me fabriquer une boîte avec des poignées, au cas où je continuerais à fumer comme un pompier. Plus je fume, plus ils rabotent. Ils ont presque fini d’assembler les planches. Je m’en fous, je leur ai piqué les clous ! J’en ai fait des strass sur mon costume de clown. Tant que je fais des pirouettes, ils sont pas près de la terminer, leur caisse à macchabée ! Allez, je t’embrasse. Et le soir de Noël, un dernier conseil : mange la bûche, mais touche pas au Cristal Roederer ! Les flics font des contrôles d’alcoolémie partout. Ils risqueraient de te foutre tes rennes à la fourrière. C’est comme ça. On n’y peut rien. C’est la dictature des tristes. Tu verras qu’un jour ils seront capables de mettre des bâches au ciel pour nous empêcher de contempler les étoiles ! »

12 DÉCEMBRE 2011 (22 h 03)

Dans ce chapitre-là, promis, pas de drames, pas d'accidents, pas de cancer. De la mémoire gaie, juste. On pourrait appeler ça des « souvenerires ». Des éclats de zygomatiques. Pour bien attaquer le traitement. Les trois premiers chapitres, je te les ai faits diagnostic et prescription. On attaque la médication. On va surdoser la bonne humeur. On reviendra à l'analyse thérapeutique du propos plus tard.

C'est un type qui dit à son pote :

— J'ai mal à la tête.

Le pote répond :

— Moi, quand j'ai mal à la tête, ma femme me fait une gâterie et ça passe tout de suite, tu devrais essayer.

Ils se retrouvent trois jours après, et le pote demande :

— Alors, ça va mieux, t'as essayé ?

Et le type répond :

— Oui, ça marche, merci… Et en plus, c’est vachement bien meublé chez toi !

Ah, la blague ! La bonne blague qu’on se passe et qu’on se repasse. Le petit rayon de soleil du jour quand le ciel fait grise mine. La pause machine à café. *What else ?* Tiens, je t’offre la dernière en date : « C’est trois homos qui coincent une superbe nana dans une rue sombre : deux qui la tiennent, un qui la coiffe ! »

Celle-là va voyager, sombrera dans l’oubli et ressortira une autre fois, améliorée peut-être, adaptée. Il en est ainsi de ces petits éclats de sourire de la tradition orale. Avilissantes pour les élites pour peu qu’elles soient grasses ou inconvenantes, elles régalent les ordinaires, les communs. C’est une des nourritures essentielles des peuples soumis. Et les dominants, sous des airs offusqués, s’en accommodent finalement assez bien. Parce que si la basse société n’avait pas cette échappatoire Joyeuse, pas sûr que, dans la rue sombre, les trois homos ne deviendraient pas trois Indignés qui coincent un trader… Deux qui le tiennent, un qui l’égorge !

Cela ne veut pas dire que la blague est l’apanage du bas peuple exploité. Par bonheur, le gratin distille aussi ses marrades à qui mieux mieux. Je te disséquerai plus loin les différents humours de castes. Ils en disent bien plus long qu’on l’imagine sur les luttes de classes. Mais le propos risque d’être professoral, et pour l’instant, je préfère me cantonner, comme je te l’ai promis plus haut, à du juste-léger. De la Joie par l’exemple.

La blague du jour a toujours ensoleillé mon quotidien. J’en ai écouté des centaines et colporté autant.

Comme ça, en virgule, les jours de crachin. Ou en guirlande autour des tablées d'amis. Ou de pas vraiment amis. Tu sais, ces repas où on invite l'affiche, pas l'homme. Et à la fin, la supplique insistante pour que je leur en raconte une petite. Comme si le fait de m'avoir convié à leurs agapes me rendait redevable. Normal, je fais rigolo, comme métier.

Dans les cas d'insistance lourde après une invitation à dîner, j'ai ma blague de secours. Toujours la même. Mon arme de distraction massive. Quand les hôtes commencent à scander « Une histoire, une histoire ! », je me lève et je raconte :

— C'est l'histoire d'un chrétien dans les arènes à Rome. Quand le lion s'approche de lui, il lui parle à l'oreille. Alors, la bête repart la queue entre les jambes. La foule lève le pouce. César demande au chrétien : « Qu'as-tu dit au lion pour qu'il t'épargne ? » Et le miraculé répond : « Je lui ai dit : "Fais gaffe, si tu manges, ces cons-là vont te demander d'en raconter une !" »

À ce moment précis, le téléphone sonne.

Pas à Rome, bien entendu, ni au dîner de cons… Non, maintenant, pendant que j'écris. Onze heures du soir, ça ne peut être qu'un ami. C'en est un. Il sanglote. La voix brisée de circonstance alerte immédiatement le système d'alarme de mon service personnel : « Emprunt et solidarité envers un copain dans la mouise ou supposé tel, et donc : demande d'argent. » Mon quotidien, depuis que la célébrité m'a donné des aises. Je suis, comme tant d'autres collègues artistes, « l'écureuil » de service. La Caisse d'épargne dernier recours.

Pressentant d'ores et déjà le contenu exclusivement pécuniaire de la supplique, je le devance :

— Ah, c'est toi, dis-je, la voix basse et fatiguée. Tu tombes bien, j'avais pas trop le moral. J'ai quelques soucis de santé et en plus, côté boulot, ça va pas fort.

Le véritable ami, dans ces cas-là, devrait me réconforter, ou au moins s'apitoyer un peu. Comme, en l'occurrence, il s'agit d'un faux, il embraye directement sur sa propre détresse.

— Ah, là ,là… Moi, c'est pire. J'ai plus de voiture, plus de téléphone et on va me couper le chauffage.

Je glisse un sournois :

— C'est embêtant, mais au moins t'as la santé.

Je déchiffre immédiatement les quelques secondes d'hésitation. Il cherche. Effectivement, il a la santé, mais il va falloir trouver quelque chose. Ça ne rate pas.

— Oh, ça, c'est pas sûr. On m'a trouvé un truc au cœur.

— Quoi exactement ?

Encore quelques secondes d'hésitation.

— Ben… Euh… Un truc, je sais pas trop.

Moi, je sais. Une anomalie génétique qui pousse certains individus à prendre les autres pour des distributeurs automatiques.

J'aurais pu prétexter une urgence, ou raccrocher sans explication, mais j'ai continué à écouter la litanie du désespoir. Je l'ai ponctuée de quelques : « Oh, mon pauvre ! » et de : « Ça doit être dur ! » J'y ai glissé deux ou trois : « C'est difficile pour tout le monde », et on en est arrivés à l'essentiel.

— T'as besoin de combien ?

— Vingt mille, mais je te les emprunte seulement. Je te les rendrai.

Ben voyons !

Je m'en suis tiré avec le « Je vais voir, je te rappelle » traditionnel. Et comme ma décision était déjà prise de l'aider quand même, j'ai raccroché en me disant que j'avais encore perdu bien plus que vingt mille. J'avais perdu un ami… Dieu que j'en ai enterré des potes au cimetière de ma banque ! Parce que, chaque fois, je plonge. Je m'émeus. Au passage, ne prends surtout pas ces lignes pour « argent comptant » si je puis dire. Pas la peine de m'appeler. Il m'arrive quand même de dire non. Mais quand même, saloperie de compassion !

Maman me tape sur l'épaule.

— Ne dis pas ça, mon petit, si ça se trouve, il en a vraiment besoin.

— Mais bien sûr qu'il en a besoin. Tout le monde a besoin.

— T'as entendu : il n'a plus de voiture, plus de téléphone, plus de chauffage.

— Bien sûr, Maman, bien sûr !

Et je ferme les yeux pour me téléporter dans mon enfance. À Juillac, mon petit village. On n'avait pas de voiture, pas de téléphone, pas de chauffage, pas beaucoup d'argent non plus. Et tu penses bien, personne à qui en demander. Et même ! On ne l'aurait pas fait. Comme disait Maman : « Quand on n'a que la fierté comme richesse, il ne faut pas la gaspiller. »

Donc on était un peu pauvres. Pas complètement, mais tout juste.

Et pourtant !

Pourtant… Qu'est-ce qu'on était heureux !

Aujourd'hui, une plaque orgueilleuse posée sur le mur de la maison où j'ai grandi explique que c'est là que j'ai passé mes plus belles années. C'est vrai. On n'avait pas grand-chose, en tout cas guère plus. Mais on avait la Joie. Tiens, la revoilà, celle-là ! Allez, je te les fais pêle-mêle les petits bonheurs quotidiens, insignifiants, ridicules, mais qui m'ont fait, malgré tout (ou peut-être à cause, va savoir), la plus belle enfance du monde.

À l'école, l'odeur d'amande du pot de colle, la plume Sergent-Major, et le premier protège-cahier. Et dehors, les marrons chauds au cœur des mitaines trouées. Les bateaux en boîte d'allumettes dans le caniveau. Le cœur dessiné sur la buée d'un carreau d'hiver. Le préau recouvert des feuilles de platane dont on dessinait les contours sur du papier quadrillé. Les bouchées à la reine des repas de noces d'été. Le vin foulé aux pieds dans les comportes des vendangeurs. La pêche aux écrevisses à la balance les nuits de pleine lune.

Et puis attendre les étoiles filantes les soirs d'été. Sauter les feux de la Saint-Jean. Attraper la queue du Mickey à cheval sur le cochon en bois du manège de la fête. Fumer des P4, ou des tiges d'herbes. Cueillir des mûres. Collectionner les lichens. Faire des lance-pierres en noisetier, des traîneaux en hêtre… Que des trucs qui ne coûtaient rien. Ou presque. Onze centimes les P4, et un tour de manège gratuit si tu l'attrapais, cette satanée queue du Mickey.

Donc, toutes ces Joies-là. Et puis… Et puis… Et puis tu sais bien, toi de ma génération qui as fait pousser ton enfance dans la douce France que chantait si bien Trenet. Nostalgie de vieux con, je sais. Nostalgivre même, tant la réalité a refroidi nos rêves… Tiens, je viens de recevoir un SMS des gardiens de ma propriété : le chauffage électronique par le sol de la grande maison nous a lâchés. Ça me fout en rogne. Au prix où je l'ai payé ! Si je me souviens bien, ça tombait jamais en panne, les bûches, dans la cheminée.

Allez, on y revient, au coin de la « chemminée ». Comme ça pour le plaisir, parce que ce soir j'ai envie de ça. À l'instant et à l'instinct, comme je t'ai dit. Et sans rature. Je sais, le « Teigneux », j'ai mis deux « m » à « cheminée ». Mais c'est sûrement parce qu'à côté je revois ma grand-mère. Une mamie, avec deux « m » aussi. Comme les arches d'un pont entre hier et aujourd'hui.

Une mamie aux cheveux blancs qui sentait vraiment la grand-mère. Pas comme les fausses vieilles d'aujourd'hui laquées par L'Oréal et embaumées par Shalimar.

Celles qui détournent la joue au baiser du bébé, pour que les restes de bouillie ne puissent pas polluer l'effet Botox. Non, une vraie mamie. Une authentique. Qui ne faisait même pas de sport. Avec cette douce fragrance de poudre de riz, de vieux châle et de coton épais. Et de temps en temps, au bout des doigts striés par les écorchures des écalages, un reste de confiture de fraises qu'elle me donnait à lécher. La parole était rare. Parfois d'un commun grasseyant, mais toujours gaie, bienveillante et rassurante. Quand j'entendais gronder le tonnerre, par exemple :

— Tiens, c'est le bon Dieu qui pète !

Pas très classe comme explication météorologique, mais je finissais par rire de l'orage d'été qui au début me terrorisait. Et puis ces dialogues de clown à la moindre plainte :

— Mémé, j'ai la tête qui tourne.

— Profites-en pour te regarder le cul !

Et aussi :

— J'ai faim.

— Mange ta main et garde l'autre pour demain !

Et à chaque crise de larmes, la logique organique dont je ne sais toujours pas si elle constitue une vérité scientifique :

— C'est ça, pleure, tu pisseras moins !

C'est bête, mais toutes ces phrases ridicules, ces sentences de pauvres gens, ont transformé le gris de ma bâtardise en rose bonbon. Elles m'ont appris à me réveiller gai chaque fois que je m'endormais triste.

Surtout le soir d'un 14 Juillet où je suis rentré tout amoché parce qu'une nuée de sales gosses m'avait passé à tabac, comme ça pour le plaisir, en me disant : « Va te plaindre à ton père, t'en as pas ! » J'avais treize ans. En arrivant en lambeaux à la maison, j'ai menti une escapade dans les champs avec une fillette qui avait une robe rouge. Et j'ai tout mis sur le compte d'un taureau furieux qui nous avait chargés. J'ai dit que j'avais essayé de le toréer avec ma chemise le temps que ma copine s'enfuie à toutes jambes. Et finalement, je m'étais replié sur un arbre, d'où j'étais tombé.

Toute la famille a fait semblant de me croire en me demandant de rejouer la scène. Et ça s'est terminé par des « olé » et des vivats pendant que j'improvisais une faena sur mon oncle armé d'un râteau en guise de cornes sur le front. L'humiliation s'était transformée en fête.

Au petit déjeuner du lendemain, parce que les grands-mères finissent toujours par savoir la vérité, elle a caressé ma joue et m'a dit :

— Les taureaux, ils sont plus bêtes que méchants. Et puis c'est pas parce qu'on est costaud qu'on est toujours le plus fort.

Et mon oncle a ajouté :

— Surtout avec les femelles. Ça fait les plus beaux cocus. Les taureaux, avec les couilles que ça a, t'as vu les cornes que ça porte !

Alors la gauloiserie, la paillardise en Synthol bien sûr, mais pas que ça. Le cataplasme poétique aussi. Des métaphores sublimes sur les douleurs vives. Comme le jour de mon Noël le plus cruel. Du temps où l'orange était le cadeau divin. Eh oui, une orange ! Cette boule dorée sucrée à laquelle je repense toujours avec nostalgie quand je vois s'entasser au pied des sapins d'aujourd'hui des monceaux de consoles de jeux et de téléphones portables. Bon, il y a bien eu quelques éléphants en carton et des lions en peluche, nos « iFaunes » de l'époque. Mais l'orange a été souvent, même si aujourd'hui cela paraît incroyable, le seul cadeau de Noël.

J'avais huit ans et je vivais avec Maman, Camille « le merveilleux » qui l'avait épousée un an avant, Michel et Françoise. On appelle ça demi-frère et demi-sœur. Pour moi, ils ont toujours été et resteront mes tout entiers. La mère de Camille, paysanne d'un autre temps, femme de peine et de valeur, avait vu d'un très mauvais œil le mariage de son fils avec Maman. Sa réputation de légèreté étant bien entendu accentuée par le fait qu'en l'épousant il avait fallu aussi prendre le bâtard. Elle avait tenté de le dissuader, mais Camille « le merveilleux » l'était déjà… merveilleux. Il prendrait tout, la femme et l'enfant, et rien ni personne ne l'en empêcherait. Comme Panisse. Et justement, ce fut un Noël pagnolesque. En tout. Tant dans la mise en scène que pour les dialogues.

La mère de Camille arriva chez nous, un sac en papier à la main. Il contenait les fameuses oranges à répartir entre les enfants. Seulement voilà, il n'y en avait que deux.

— Tiens, Michel… Tiens, Françoise… Joyeux Noël !

Rien pour moi. Normal, j'étais la pièce rajoutée. J'ai murmuré « salope » entre mes dents, et je suis parti pleurer dans ma chambre. Cette insulte n'était pas méritée. Elle n'avait même pas fait ça pour me faire du mal. C'était ses principes, sa droiture à elle, sa justice. Les irréprochables aux yeux de la morale font des fautes qu'on est bien obligés de pardonner puisque ce sont les nôtres qui les y poussent. Et qu'importe que j'aie payé la faute de Maman. Aujourd'hui, je serais prêt à payer bien plus pour qu'elle en fasse encore. Surtout que cet oubli de cadeau m'a permis d'en recevoir un bien plus beau. Un rayon de soleil que j'ai transmis à mes enfants et qui, je l'espère, illuminera toute leur descendance.

Maman est venue me rejoindre dans ma chambre. Elle m'a serré fort bien sûr. J'ai demandé en sanglotant :

— Pourquoi moi, j'ai pas de cadeau ?

Je ne sais pas d'où lui est venue la merveilleuse consolation qu'elle m'a livrée. Une inspiration divine sans doute. Elle m'a murmuré :

— Ferme les yeux, mon petit… Longtemps… Et ne les ouvre que quand jc tc lc dirai.

Ça a duré une éternité. Deux minutes peut-être. Une merveilleuse éternité donc, quand on la passe au creux d'une épaule d'amour.

— Maintenant tu peux les ouvrir, et tu vas y voir… Voilà… C'était juste pour que tu comprennes que c'est un merveilleux cadeau de ne pas être aveugle !

Même à huit ans, j'ai tout compris. Et c'est resté gravé à vie. Chaque malheur qui t'épargne, chaque maladie que tu n'as pas est un cadeau. C'est aussi ça, la philosophie des Joyeux. Et, de plus, en cas de tourment extrême, se dire que lorsqu'on a connu le pire, le mauvais n'est jamais grave.

Prévert avait imaginé les trésors qu'on peut trouver à l'intérieur d'une noix, j'en ai trouvé bien plus au cœur d'une orange !

C'est pour ça que « Freude » en a deux. Une dessus, une dessous.

Je m'aperçois que je t'avais promis ni drame ni tristesse et que je me suis quand même laissé aller un peu. Alors, je vais revenir au tout gai. Mais sans changer d'époque. Toujours dans cette enfance farceuse où la dédramatisation faisait luxe et la bonhomie confort. La connerie aussi. Quand je dis « connerie », ce n'est pas un gros mot, ça veut dire farce, canular, blague. La plaisanterie de goût douteux si tu préfères, mais c'est trop long à écrire. J'ai donc une magnifique « connerie » à te raconter, que l'humiliation de l'orange et la consolation qui a suivi m'ont ramenée en mémoire… Tiens, écoute ça, d'abord :

Ils n'attendent plus rien et pourtant ils attendent
Même pas le chemin qu'un touriste demande.
La casquette vissée sur les rides du front,
Une chaise cassée, la chanson des frelons.

Tellement transparents dans leurs costumes sombres
Qu'on ne sait même pas s'ils possèdent une ombre.
Tellement sans couleur sur la photo carbone,
Que lorsque l'un d'eux meurt, il ne manque personne.
Et c'est toujours les mêmes, toujours la même place.
Chaque nouveau baptême, chaque rentrée des classes
Les rapprochent un peu du bout de leur voyage.
À quoi servent les vieux des places des villages ?

Ce sont les mots d'une chanson que j'avais écrite au hasard d'un de mes retours à Juillac. Ces petits vieux, je les avais quittés à la préadolescence, et je les ai retrouvés pareils vingt ans plus tard. Les mêmes vieux. Toujours sur le même banc. Intacts. Hibernés et moqueurs. L'œil aiguisé et la moustache frémissante. Continuant à abreuver la vie ordinaire de leurs commentaires de vieux singes sages. La réplique fusant toujours au mariage bruyant qui passe :

— Quand tu seras cocu, tu klaxonneras moins fort !

Le jugement sans pitié pour la gourgandine à la jupe rase :

— Le jour où la rue sera pavée de bites, elle marchera sur son cul !

Parfois même l'extralucidité toujours amusée sur le temps qui les a désenchantés. Dialogue :

— Moi quand je bande, c'est dur comme ça ! affirme l'un, en frappant de sa canne sur le trottoir.

— Et ça t'arrive souvent ? demande l'autre.

— Jamais !

Joyeux… Absolument Joyeux.

Pour conjurer l'ennui des longues heures passées à regarder défiler le temps qui reste. Et au bout du compte une santé de fer. Des foulures, des bronchites, des grippes, des coups de chaud, de froid qui disparaissaient comme ça, du jour au lendemain. Soignés à la blague et au vin chaud. De quoi dérouter tous les pontes de la pharmacologie. Pile dans le sujet de ce livre. Avec, pour moi, un héritage qui m'a fait économiser bien des frais médicaux, et qui aujourd'hui me dote d'analyses de laboratoire impeccables, malgré les mille excès qui ont alimenté ma vie de dingue. Merci, les vieux gars ! Votre exemplarité ne me sauvera certainement pas toujours la vie, mais elle l'aura superbement embellie.

L'essentiel, je l'ai appris de ces brigands de village, buveurs, fouineurs, paillards et roublards. Ils étaient déjà vieux quand j'étais petit. Je les accompagnais parfois au bistrot. C'était mes cours complémentaires. L'école de la vie sans pupitre ni tableau noir. Je m'asseyais sur un tabouret à proximité de la table de belote. Et j'écoutais, entre deux dix de der, les « quatre mousquetaires » balancer de la vanne à tout propos. Un pour tous, tous pour rire ! Ce sont eux qui m'ont forgé l'âme gaie. Les premiers qui m'ont fait licencié ès gaudrioles.

Encore une fois, merci, mes vieux gars ! Sûr que les pots de haricots blancs en guise de mise ne pouvaient pas m'enseigner l'économie de marché. Peu de chance que je devienne banquier. Mais les farces m'ont fait clown, à l'ombre de leur devise qui m'imposait de me mettre dans la tête l'urgence à ne pas me presser d'être riche : « On n'a jamais vu un coffre-fort suivre un corbillard ! » Si on y rajoute : « C'est bien d'être un homme important, mais c'est plus important d'être un homme bien », j'étais paré pour aborder la suite sans risque de trop me perdre en route.

Je t'avais promis un canular de choix, une « connerie » délicieuse et je m'aperçois que j'ai digressé jusqu'à très tard et que le sommeil commence à m'envahir. Alors, on va changer de chapitre pour te raconter l'anecdote. On restera à Juillac. Ça mérite qu'on s'attarde. Ne serait-ce que pour que tu comprennes qu'élever ses enfants à l'humour est primordial. Et que manquer de tout n'est pas forcément plus triste que ne manquer de rien. Tant qu'on s'en amuse. Comme disait grand-mère : « Un sourire vaut mieux qu'une pièce, on peut le garder même avec des poches trouées. »

Voilà, c'est tout pour aujourd'hui.

Enfin presque. Une conclusion quand même.

Tout à l'heure, en me glissant dans les draps, je me répéterai pour la énième fois ma phrase de chevet, en guise de prière du soir. Celle que j'ai dû t'asséner au moins dix fois dans mes livres précédents, mais dont j'aimerais tant que tu fasses ta devise personnelle : « À quoi ça sert d'acheter un matelas neuf à crédit si le prix du crédit t'empêche de dormir ? »

Et puis, si le sommeil tarde à venir parce que j'envisage de tristes échéances, j'y ajouterai celle-là :

« Ne pleure pas avant d'avoir mal ! »

19 DÉCEMBRE 2011 (0 h 15)

Depuis le dernier chapitre, il y a une semaine, j'ai parfaitement poursuivi mon chemin de Joie. Je suis allé plaisanter à la Salpêtrière avec « Sagittaire ». J'ai enregistré du bonheur en acrobates et en magiciens pour ton réveillon télé du 31 décembre. J'ai fait l'artiste populaire dans des théâtres.

J'en ai même profité, en passant par la Lorraine avec mes gros sabots, pour jouer au Père Noël pour des gosses de quartiers défavorisés. Une distribution de cadeaux, organisée par une association locale et *L'Est républicain*, à plein de petits Saïd, Salim et Awa aux grands yeux émerveillés. C'est encore plus beau quand on devine aux cernes de ces mômes les difficultés de leur quotidien. Ils m'ont accueilli avec une haie d'honneur en faisant tourner des serviettes. J'en aurais chialé de bonheur partagé. C'était quoi ? Deux heures de mon temps. Tout sauf une contrainte. Penses-y quand ta journée s'ennuie. Il y a sûrement quelque part, pas loin, quelqu'un à ensoleiller.

Nous avons l'illusion de vivre en démocratie.

En fait, nous vivons en « egocratie ».

Les autres ne sont l'enfer que parce que nous refusons de partager nos paradis.

Allez, on repart au bistrot à belote de Juillac, comme promis. Un bel après-midi d'été. Les « mousquetaires », qui avaient d'ailleurs pris comme surnoms les noms des héros de Dumas, tapaient le carton depuis deux bonnes heures. Les multiples tournées avaient fini par venir à bout d'un des quatre. Athos subissait depuis quelques plis les remontrances de son partenaire, façon Audiard.

— V'là que tu t'défausses comme un gland. Sois à ce que tu fais !

Malheureusement, il était à trois grammes, Athos. Et d'un coup comme ça, il s'est affalé sur la table et s'est mis à ronfler sans même avoir eu la force de montrer sa tierce. La partie aurait dû s'arrêter là, mais un éclair a traversé l'esprit d'Aramis. Il a mis un doigt sur la bouche pour intimer à tout le monde, moi compris, de se taire. Et puis, après avoir murmuré à l'oreille de ses partenaires les détails de son plan, il s'est levé pour commencer à fermer les volets et les portes. Les autres ont ramassé toutes les nappes et les serviettes, puis ont commencé à tout calfeutrer. Au bout de deux minutes, pas le moindre rayon de lumière ne passait dans la pièce. Noir total. Je ne comprenais toujours pas. D'Artagnan m'a chuchoté à l'oreille :

— Surtout, te marre pas ! Rigole dedans seulement.

Ils se sont assis à tâtons chacun à leur place, et j'ai entendu :

— Belote, rebelote et dix de der !

Aramis, en faisant claquer les cartes, a lancé :

— Bon, ça fait 110 pour nous et 50 pour vous…

Porthos a enchaîné :

— Et alors, qu'est-ce que tu fous, Athos ? C'est à toi de distribuer.

J'ai entendu un vague gargouillement, et la voix pâteuse d'Athos balbutier :

— Ben… Qu'est-ce qui se passe ? Pourquoi c'est tout noir, il fait nuit ?

— Arrête tes bêtises, c'est toi qu'es noir ! a lancé Aramis en rigolant. Il est quatre heures de l'après-midi… Bon, tu distribues ou quoi ?

Un long silence. Juste entamé par un reproche de d'Artagnan à Porthos :

— La prochaine fois, c'est moi qui tiens les scores, regarde-moi ça ! T'écris comme un cochon. Qu'est-ce que t'as marqué là : 230 ou 280 ?

— 230, a répondu Porthos. Excuse-moi, j'ai pas mes lunettes.

Il y a eu un hurlement.

— Eh, les mecs, je suis aveugle !

— Mais non, t'es pas aveugle, t'es bourré, c'est tout. Pas vrai, petit ?

J'ai articulé : « Oui, oui », en serrant les dents pour refouler le plus loin possible le fou rire qui m'avait envahi.

L'arnaque a duré dix bonnes minutes avant qu'on dirige l'« aveugle » vers la porte de sortie et l'éblouissement d'un soleil de plomb. Et Aramis a eu le mot de la fin. Il a hurlé :

— Miracle, miracle ! Allez, ça s'arrose !

Voilà une des fantaisies de mes maîtres. De mes profs de farces. Des scénaristes incroyables. Des stars du bien-vivre. Et du bien-mourir aussi, puisque chaque mise en terre d'un des leurs se terminait dans des libations à n'en plus finir. Chez nous, la différence entre un enterrement et un mariage, c'est qu'à l'enterrement, il y en a un de moins qui est bourré !

Ces gens-là étaient rabelaisiens comme le titre de ce livre. Ils ne guérissaient pas de tout. Seulement d'être nés. Parce que la vie sans fantaisie, c'est comme le gigot sans ail, ça nourrit, mais ça régale pas. Ils m'ont initié à la légèreté. Et ces pères de substitution m'ont poussé à fréquenter le plus possible leurs semblables. Et c'est pour ça que je n'ai jamais quitté la famille des humains de pacotille, des vagabonds grossiers, des bluffeurs malicieux et des saltimbanques paillards.

Des arnaques comme celles de l'« aveugle », on en a imaginé des dizaines avec mes potes les Joyeux. C'est dans ma période « vedette de l'imitation des années quatre-vingt » que j'en ai fait le plus. Dans le cadre de la médication d'urgence, je vais te raconter une de mes plus célèbres. Évidemment, en te la dévoilant, je me prive du plaisir de la tenter à nouveau. On me verrait venir. Mais rien ne t'empêche de l'essayer à ton tour. Je t'en garantis l'effet. C'est du grand art.

Tiens, le « Teigneux » ! Ça faisait longtemps.

— Tu vas nous en fourguer combien, de tes arnaques qui font marrer que toi ? Et tu voudrais qu'on s'y mette aussi ? Comme s'il n'y avait pas plus urgent dans la vie que de se foutre de la gueule des autres. Et en plus tu prétends que c'est de l'art. Mais t'as la tête qui explose, mongolito ! Tu sais même pas ce que c'est, l'art. Moi je le sais. Je suis abonné à *Télérama*. L'art, c'est des tableaux tout compliqués qu'on comprend rien mais qui sont chers. L'art, c'est quand on fait du théâtre subventionné à Avignon l'été, parce qu'il fait beau et que c'est vachement intellectuel comme message de montrer ses fesses, habillé en coq, en faisant « cocorico » dans la cour du palais des Papes pour dénoncer les dictateurs. L'art, c'est quand ça chante en anglais sur M6 que ça fuck le système avec des danseuses dorées qui font : « Waou, ta race ! » Alors, s'il te plaît, te compare pas, Dugland. Du grand art, tes conneries ? Une grande tare, plutôt !

Pas mal, le jeu de mot, pour une fois. Désolé de t'avoir irrité, le « Teigneux », mais franchement, ce que je vais te raconter, c'est vraiment de l'art. Il faut un vrai talent de comédien. D'ailleurs, cette saynète pourrait parfaitement finir sur grand écran. Beaucoup des grandes farces cinématographiques n'ont pas été créées par des scénaristes professionnels. Elles ont plus probablement été piochées dans la mémoire collective. Inventées par d'autres « mousquetaires ». Des fabricants de bêtises au quotidien qui ont inspiré des scènes inoubliables. Souviens-toi : la série de gifles sur le quai de gare aux passagers du train qui démarre dans *Mes chers amis*. Brasseur en aveugle qui bouscule tout au restaurant dans *Un éléphant ça trompe énormément*. Les enfants avec la pelle au long manche qui recueillent, sans qu'il s'en aperçoive, les besoins de Bernard Menez accroupi en pleine nature, dans *Le Chaud Lapin*.

Comme quoi, même la farce de bas étage peut devenir légendaire. Anoblie par la caméra. C'est pour cela que je te demande de ne pas juger trop sévèrement la gauloiserie de celle que je vais te raconter. Va savoir ! Jouée par mon pote Dujardin, elle pourrait devenir culte. En tout cas, si tu travailles dans le septième art, n'hésite pas à t'en servir. C'est cadeau !

Ce canular, je le déclenchais en principe après mes spectacles. Souvent, nous étions invités, moi et mes musiciens, à partager un repas avec la municipalité qui nous avait reçus. Le terrain parfait pour mettre en route le scénario.

Allez, on dit qu'on y est !

Je vais te le conjuguer au présent pour que tu le vives mieux. Visualise le décor d'abord. Une salle des fêtes décorée pour l'occasion. Une tablée d'une quarantaine de personnes. Les musiciens éparpillés çà et là. Et moi, assis entre le maire et son épouse. Détail capital. Au besoin je bouscule le plan de table, mais la position est essentielle à la réussite du coup. Autre détail important, un pote assis à côté du maire, histoire de l'occuper pendant que je parlerai à son épouse. Un petit clin d'œil aux musiciens pour les prévenir que le spectacle va commencer, et c'est parti !

La salle bruisse de murmures et de cliquetis de fourchettes et de verres. Je distribue quelques sourires aimables. Je papote un peu avec le maire, un peu avec sa femme, un peu avec la personne d'en face. Tout démarre quand arrive le premier plat. Là, mon pote voisin du maire enclenche une conversation importante avec lui qui doit le captiver. En principe, il lui parle de son bord politique en lui assurant que c'est aussi le sien.

Quant à moi, je me prostre soudain et je me tais, perdu dans mes pensées, le regard triste, à la limite des larmes. Pour attirer l'attention de l'épouse du maire, je repousse le plat vers elle en disant timidement, la voix brisée, presque chuchotée :

— Excusez-moi, mais je n'ai pas très faim.

Ma voix presque inaudible et ma mine abattue la poussent inévitablement à me demander :

— Il y a quelque chose qui ne va pas ?

— Si, si, ça va.

Il est évident que je prononce ces mots avec l'intonation nécessaire pour bien la persuader du contraire… Encore un long silence et je lâche, limite sanglot :

— Excusez-moi… Je ne veux pas gâcher la fête… Ça va aller.

À partir de maintenant, le grand art consiste à faire perler un début de larme au coin de l'œil. Et à murmurer sur le ton de la confidence :

— C'est pas grave… Un souci personnel… Un problème de femme.

À ce moment-là, je regarde à droite et à gauche, comme pour vérifier que personne n'écoute, et je m'approche presque à l'oreille de la dame pour lui confier :

— Vous qui en êtes une, de femme, justement, vous allez comprendre… Ça ne vous embête pas au moins que je me confie à vous ?

Le « Mais pas du tout, au contraire ! » est garanti.

Je continue :

— Voilà. Hier soir, je suis rentré à l'improviste et j'ai trouvé ma femme avec quelqu'un.

En principe, la dame prend un air contrit et compatissant. J'enchaîne :

— Je me suis énervé… Et je n'ai peut-être pas dit les mots qu'il fallait. Je crois que je vais la perdre pour toujours. C'est terrible parce que, malgré ce qu'elle m'a fait, je l'aime encore… Peut-être même plus.

On appelle ça un transfert. Une femme ne peut être insensible à une telle preuve d'amour. Elle s'imagine forcément prise en faute et bénéficiant elle-même de cette indulgence inattendue. Elle n'en a que plus d'intérêt et de sympathie pour toi. Alors j'en rajoute :

— Je n'aurais peut-être pas dû l'accabler à ce point… Mes phrases étaient si maladroites.

C'est à ce moment-là qu'il faut absolument être parfait dans les travaux d'approche. Le but étant de pousser la dame à demander : « Qu'est-ce que vous avez dit à votre femme ? » Ça peut prendre du temps, mais la « phrase magique » finit toujours par arriver. Et quand elle arrivera, cette phrase, je te rappelle que je serai penché à son oreille, que son mari sera occupé par mon pote, et que le brouhaha diffus du dîner fera un bruit de fond monocorde et retenu.

Et bingo ! Au bout de quelques considérations bien féminines, la voilà, la « phrase magique » :

— Vous savez, dans ces situations, tout est pardonnable… Vous lui avez dit quoi, au juste, à votre femme ?

Un silence, un regard circulaire. Et je dis doucement :

— Je… Je lui ai dit…

La suite, je vais la hurler. Comme si je revivais la situation du mari trompé hors de lui. Et je me mets à gueuler au-dessus du brouhaha convenu, en y mettant le ton :

— Salope ! Ordure ! Tu te fais sauter par tout le monde. On m'avait bien prévenu que t'étais une traînée, mais j'imaginais pas que c'était à ce point…

Là, toutes les têtes se redressent, les regards convergent vers nous, et il y a un silence de mort. Je me déchaîne :

— Alors, il suffit que ton mari aille bosser, et madame se fait culbuter par le premier qui passe…

Autre silence général. Encore plus lourd que le premier.

Et là, juste laisser l'espace qu'il faut.

Le temps de jeter un œil au mari ulcéré qui commence à réagir et à mes potes musiciens dépouillés de rire. Et en parfait hypocrite, je prends la tête du gars qui vient de s'apercevoir qu'il a parlé trop fort, et je me confonds en excuses auprès du maire et de l'assemblée.

— Excusez-moi. C'est pas de madame le maire que je parle… Excusez-moi… Je ne me suis pas aperçu que je parlais si fort. Elle n'a rien à voir avec ça… Je suis désolé… Je lui racontais une blague.

Et d'un coup tout se détend. Le maire retrouve son sourire. Sa femme confirme qu'elle n'avait rien à voir avec ça. Et le brouhaha reprend. Il arrive même que l'assemblée me réclame la fameuse blague en entier à voix haute pour tous. Je m'en tire en disant que maintenant qu'ils connaissent la chute, elle n'a plus aucun intérêt. Et je réclame la permission de me retirer pour aller aux toilettes.

C'est là que je rejoins les employés municipaux dans l'arrière-salle. Et je touche enfin ma récompense : un verre de l'amitié offert de bon cœur, vu que j'ai tenu le pari que je leur avais fait une heure plus tôt : traiter la femme du maire de tous les noms devant tout le monde, en toute impunité.

Franchement, c'est pas du grand art ? Même si je sais que c'est à l'extrême limite du mauvais goût. Mais que les femmes qui me lisent ne s'offusquent pas. Le lendemain, j'ai toujours fait livrer des fleurs, du parfum et un mot d'excuse. C'est la rançon obligatoire que doit payer tout mufle de circonstance en cas de canular misogyne. Et c'est la moindre des choses. Outrancier pour la farce, gentleman d'éducation ! La goujaterie brute sans contrepartie élégante, Maman ne me l'aurait jamais pardonnée.

Bon, je pourrais t'en égrainer plein, des arnaques comme celle-là, mais ça tournerait au recueil d'histoires drôles et ce n'est pas le but. La finalité, c'est de te démontrer que toutes ces pantomimes, toutes ces improvisations Joyeuses sont autant de guirlandes qui ont illuminé ma vie depuis un demi-siècle. Et qu'avec un peu d'imagination et de malice, tu peux, toi aussi, faire scintiller la tienne.

Je voudrais encore remercier tous ces premiers professeurs qui m'ont enseigné la dérision, la déraison et l'outrance. Ils n'imaginaient pas, les « mousquetaires », que le petit Patrick de Juillac porterait les couleurs de leur « connerie » au plus haut sommet de l'État. Quand je dis « couleurs », je parle plus précisément du bleu-blanc-rouge républicain que j'ai peint sur mon sexe, le jour où je suis allé m'entretenir avec Mitterrand à l'Élysée. Cette farce personnelle, je l'ai abondamment racontée. Oserai-je y ajouter que, depuis, il m'est arrivé de retourner à l'Élysée m'entretenir avec d'autres présidents ? Tu penses bien que j'ai marqué le coup ! Mais je t'épargnerai le détail des graffitis secrets dont j'ai orné ma virilité chaque fois. Je ne voudrais pas qu'à ma prochaine visite on m'oblige à me déculotter dans l'antichambre du Saint-Lieu, et qu'on me force à effacer mes décorations péniennes qui valent bien plus pour moi qu'une Légion d'honneur.

— Quand même, me dit Maman, tu exagères ! Quel manque de respect ! Et surtout quel intérêt ? C'est pas drôle. Et même si ça l'était, ça ne ferait rire que toi.

— Mais c'est justement ça, l'intérêt, Maman : ne faire rire que moi. Ça fait bien longtemps que j'ai compris la futilité des plus hautes fonctions dont l'homme s'enorgueillit. Et ce pied de nez, ou pied de sexe, plus exactement, est une bien piètre vengeance à leur fatuité, je te l'accorde. Mais encore une fois, ne faire rire que moi m'a sauvé de bien des extrémités beaucoup plus dangereuses.

— Ça veut dire quoi ?

— Ça veut dire qu'au moment où j'ai vu sortir ton cercueil de la maison, j'étais seul sur le balcon de la maison d'en face. Et j'ai eu une pulsion terrible : accrocher une corde à la poutre derrière moi et m'y suspendre… Alors, pour lutter, je me suis chanté : « Qu'est-ce qu'on est serrés au fond de cette boîte, chantent les sardines, chantent les sardines ! » C'était ridicule, déplacé et ça n'a fait sourire que moi. Tellement stupide. Mais tellement utile. Tu comprends ?

— Oui et non. Oui, parce que tu es toujours vivant. Et non, parce qu'on n'est pas vraiment serrés. Je te jure qu'il y a de la place dans la boîte. En même temps, avec la maladie, par bonheur, j'avais maigri.

— Bien, je vois que tu as compris.

Cet aparté tragi-comique du jour de l'enterrement de Maman, c'est la première fois que j'en parle. Je n'ai jamais osé avant. Je te l'ai confié parce qu'un courrier récent m'a fait part d'une situation quasi identique. C'est une dame qui m'a certifié que l'anecdote était authentique.

À l'automne 2006, elle se rendait en voiture à l'enterrement d'une grand-mère, avec son mari et sa petite fille de huit ans. Le temps était salement gris et pluvieux. Pour agrémenter la route, malgré la tristesse et le chagrin, elle a enclenché mon CD dans l'autoradio. Et, au bout de quelques kilomètres, tout le monde chantait à tue-tête. Arrivés au cimetière, le ciel était toujours affreusement bas. Quand les employés des pompes funèbres ont commencé à descendre le cercueil dans la terre, le silence lourd a soudain été interrompu par la voix de la petite fille qui s'est mise à chanter : « Qu'est-ce qu'on est serrés au fond de cette boîte ! » Il y a eu un léger moment de gêne et tout le monde a éclaté de rire. La dame m'a même juré qu'à ce moment-là les nuages se sont écartés et que le soleil est réapparu.

Pas la peine que tu t'époumones, le « Teigneux », l'histoire est authentique. Je ne pense sincèrement pas qu'il y ait eu un lien de cause à effet entre ma chanson et la météo. Par contre, je suis certain d'avoir ensoleillé le cœur de la petite fille, et ça suffit à mon bonheur. Le seul souci qui subsiste, c'est que t'ayant raconté tout ça, au prochain enterrement auquel tu assisteras, tu risques de me maudire. Il y a de fortes chances pour que ma chansonnette te poursuive. Si c'est le cas, tiens-moi au courant.

Voilà, on va s'arrêter pour ce soir.

Je vais avoir ma chanson dans la tête toute la nuit. Un mal pour un bien. Depuis que Maman m'a avoué qu'elle n'était pas serrée dans sa boîte, ça m'a rassuré. Elle a dû avoir l'espace nécessaire pour ouvrir la bouteille de champagne qu'on avait glissée à côté d'elle.

Les « cri cri » de « mon pote le grillon » sont de moins en moins audibles.

Je te jure que c'est vrai.

Toujours avoir un sourire d'avance.

Toujours.

20 DÉCEMBRE 2011 (16 h 20)

À ce stade-là, je pourrais m'épancher en démonstrations scientifiques. T'expliquer l'effet antimitotique qui trouble tous ceux qui soignent le cancer, démontrant l'importance capitale du stress dans l'évolution de la maladie. M'étendre sur les neuromédiateurs et les récepteurs communs aux trois grands systèmes de communication et d'intégration de notre organisme, nerveux, endocrinien et immunitaire, dont on s'est aperçu sur le tard qu'ils étaient liés. Et te proposer de réfléchir à la grande inconnue concernant leur système déclencheur. Ce qui revient à poser la question : « La maladie est-elle exclusivement organique, et par extension, le bien-être ne serait-il pas protecteur, voire salvateur ? »

Je pourrais te parler de cortisol ou de fibrinogène dont les taux élevés favorisent l'hypertension et les risques d'accidents cardio-vasculaires. Et t'indiquer que les dosages au plus bas de ces marqueurs ont été retrouvés chez les personnes les plus à l'aise dans leur peau. Sûr que les esprits pointus y trouveraient leur compte. Mais la démonstration tournerait vite au laïus professoral à la limite du compréhensible et surtout… qu'est-ce qu'on s'emmerderait !

Alors je vais continuer à te raconter mes éclairs de bonne humeur, mes exploits rabelaisiens et futiles. J'y perdrai encore une fois en considération, mais j'y gagnerai tellement plus en sérénité. Et qui sait ? À l'aune de mon vécu égrillard et léger, peut-être t'enrichiras-tu de nouvelles résolutions.

Dieu que cela est écrit pompeux ! Je vulgarise : entre mes potes déjantés et mes blagues de blaireau, t'auras qu'à faire le tri. Tu trouveras bien un truc qui va te nettoyer la tête de tous tes emmerdements quotidiens.

Ouf, j'ai eu peur ! Un moment, j'ai cru que j'allais virer sérieux. T'imagines ? Je n'aurais même plus eu les mots pour plaisanter avec le grave. On s'en sortait pas. Et pourtant, il faut qu'on s'en sorte, hein ? En tout cas, on va tout faire pour, ma grande !

Elle vient tout juste de m'appeler, « Sagittaire ». Dialogue de Joyeux :

— Ils vont me faire une IRM du cerveau, a-t-elle dit à mi-voix.

— Ils risquent d'avoir une surprise. Quand ils vont trouver de l'intelligence, ils ne vont jamais croire que tu bosses à la télé !

La voix tremblait.

— J'ai peur.

— T'inquiète pas. S'ils découvrent tes fantasmes, ils n'en parleront pas… Le secret médical.

— C'est pas mes fantasmes qu'ils risquent de découvrir, c'est mes réalités, c'est pire.

La voix a souri. Puis tremblé à nouveau.

— J'ai la tête qui tourne.

— Profites-en pour…

Non, quand même… J'ai laissé un silence et :

— Profites-en pour regarder sur ton épaule, j'y suis.

Voilà, la routine nécessaire.

En attendant.

Bon, allez… On parle d'autre chose.

Je me suis ancré à nouveau à Martel. À travers la baie vitrée, je contemple la mer d'arbres nus. Comme une foule maigre aux bras tendus. Les nuages lourds ont fait descendre le ciel presque à hauteur d'homme. Même les oiseaux blancs sont noirs. Ils passent en géométrie parfaite. Des clandestins en transit vers des soleils lointains.

J'aurais pu faire comme eux. Embarquer ma pause de Noël vers les Seychelles ou l'île Maurice comme font la plupart de ceux de ma profession. Mais mon bien-être est ici. Dans le gris silencieux de ma campagne embrumée. Bien sûr qu'à l'heure qu'il est, je pourrais déguster un cocktail mangue-papaye sur une plage de sable blond. Comme dans les publicités pour le Loto. Comme si l'extrême bonheur ne pouvait s'imaginer que sous des palmiers.

C'est la grande tromperie des évidences. J'ai les moyens du luxe, du must chromatique : le soleil d'or sur une mer turquoise, et les danses des paréos bariolés autour de la piscine bleu ciel. Au lieu de ça, j'ai choisi de me confiner dans les pastels atones de mes pierres de taille. D'aller marcher dans la boue ocre des petits chemins qui longent une Dordogne grise et tourmentée par les intempéries.

— T'es vraiment encore plus nase que je le pensais, me lance le « Teigneux ». Moi, si j'avais la thune pour, comment que je me la donnerais, l'éclate sous les cocotiers ! Non, mais t'as vu les dépliants ? Du soleil tout le temps, des meufs de rêve. Le ski nautique le jour, le casino la nuit. Et toi tu vas t'enterrer dans le Haut-Quercy avec du corbeau en guise de mouette et du crachin comme feu d'artifice. Et, en plus, tu prétends nous donner des leçons de Joie ! Moi, je crois plutôt que t'es un grand dépressif. Aux prochaines vacances, pourquoi t'irais pas faire une randonnée dans les catacombes ?

La Joie n'est pas forcément brillante et bruyante.

Elle est d'abord d'être où le cœur nous guide.

Je n'ai jamais aimé nager où je n'ai pas pied. Ici, planté dans ma terre, je sais que je vais pouvoir profiter sans artifices de ceux que j'aime. Bien au chaud en plein cœur de ma mémoire. Avec, au cas où, la possibilité de rejoindre « Freude ». Et puis la cave est à deux pas, les truffes sous les feuilles des arbres. Tu veux quoi d'autre ? Le dépaysement pour le dépaysement ?

Ce n'est pas parce qu'on peut qu'on doit !

J'en connais tant qui se forcent au voyage. Vois-les dans les bouchons de la vallée de la Tarentaise. Dans la foule des épuisés au comptoir de l'aéroport au deuxième jour de grève. Dans l'urgence de partir, l'urgence de profiter, l'urgence de bronzer, l'urgence de revenir. Ici, je ne vais pas courir après le temps. C'est lui qui va me poursuivre. Je vais attendre qu'il passe. Quoi de plus triste que de mettre la plage dans un sablier ?

Pour résumer, les vacances de Noël, c'était la destination de rêve, la carte postale… Ou alors. J'ai préféré « ou alors ». J'ai toujours choisi « ou alors ». La philosophie de l'illogique, du pas-convenu que m'a enseignée un de mes « Tontons farceurs ».

Des « Tontons farceurs », j'en ai eu trois essentiels : « Tonton vrai », « Tonton prof » et « Tonton Max ». Les deux premiers sont morts. Le troisième est à l'ombre. Enchristé en geôle de Carcassonne. J'y pars ce soir pour un parloir demain après-midi. Je te raconterai tout.

« Tonton vrai », c'était Jeannot, le premier mari de la plus petite des sœurs de Maman. C'est lui qui a pris le relais des « mousquetaires » pour m'enseigner le vivre gai. On n'avait que dix ans d'écart. Mais je regardais ses vingt-trois ans du bas de mes treize comme un Japonais admire la tour Eiffel.

Première leçon : « Il vaut mieux passer pour un con que pour un salaud ! »

— Bien reçu, ensuite ?

Ensuite, ça a été l'éducation sentimentale. La découverte. Il me mentait des conquêtes par dizaines, et je lui en imaginais bien plus. Il m'expliquait le corps des femmes, leurs abandons, leurs dédales. Il illustrait ses propos en feuilletant pour la démonstration le catalogue de La Redoute à la page lingerie, comme on explique un herbier.

— Belle plante, non ?

— Oh oui !

— Ça, faut arroser tous les jours, ou ça se barre pousser ailleurs !

Et partant évidemment du principe que femme qui rit est à moitié dans ton lit, il m'envoya faire mes premiers travaux pratiques en insistant bien sur le fait que la valse des zygomatiques déclenchait des sécrétions d'hormones aphrodisiaques. Parole de scientifique ! Il avait lu ça dans le *Reader's Digest*.

La première fois, je suis revenu avec un zéro sur vingt. La petite blondinette aux yeux bleus s'appelait Marie. Au bout de la promenade sous les tilleuls, j'ai tenté la blague qui avait fait marrer tout le monde, la veille, à la table des « mousquetaires ».

— Tu sais ce qu'ils font les Portugais pour savoir ce que leur gosse fera plus tard ? Ils le jettent contre le mur. S'il reste collé, il sera maçon, s'il tombe par terre, il sera carreleur !

Ça a été ma première gifle. J'avais des excuses. Marie, blonde aux yeux bleus, comment je pouvais deviner moi, qu'en fait elle s'appelait Maria De Carvalho ? Et que sa mère avait francisé le prénom par précaution.

Alors, j'ai repris les cours intensifs. Et ils m'ont énormément servi. Pas seulement pour les amours « cavalcade ». Pour les histoires « brins de muguet » aussi. Avec parfois des techniques à double détente. Une pour le hot, une pour le tendre. Par exemple, la main bandée au deuxième rendez-vous.

— Qu'est-ce que tu t'es fait ? demandait la belle.

Et je répondais avec un sourire malicieux :

— J'ai pensé à toi toute la nuit, alors forcément, à force… Tu vois ce que je veux dire.

Soit la belle était très coquine, et que j'aie pu me masturber jusqu'à la brûlure la faisait éclater de rire. Et le reste suivait. Soit c'était une vraie romantique, et elle tournait les talons, outrée, en me traitant d'obsédé sexuel. Là, je la rattrapais, les yeux énamourés :

— Mais non, qu'est-ce que tu vas imaginer ? J'ai écrit pour toi jusqu'au petit jour, je m'en suis enflammé le poignet… Tiens, lis.

Et je lui tendais une feuille quadrillée découpée en forme de cœur.

« J'ai tenté mille fois de trouver les bons mots,
J'ai usé deux cahiers et brisé trois stylos.
J'ai froissé et jeté deux cents feuilles au panier,
Même si j'ai perdu, j'aurai tout essayé.

C'est sûrement qu'il n'y a de mots assez puissants
Pour te dire vraiment ce qu'au fond je ressens,
Pour dire ce que tu es, et à quel point tes yeux
Font scintiller mon cœur d'un éclat merveilleux.

Pardon de n'avoir pas inventé mieux que ça,
Je me sens misérable et honteux à la fois.
Je rêvais en secret, ma plume m'a trahi,
Les baisers vont aux grands et je suis si petit.

Je ne t'offre que ça, l'aveu de mon échec,
Je t'apportais mon cœur et je repars avec.
Un doux baiser de toi, je ne l'aurai jamais,
Mais merci pour la joie de l'avoir espéré. »

Je ne te garantis pas d'avoir retranscrit au mot près le texte de ce poème. C'est si loin. En tout cas, c'était l'esprit à peu de chose près. Et quand je suis arrivé au rapport, « Tonton vrai » m'a chaleureusement félicité avec ses mots à lui, eux aussi gorgés de cette insigne délicatesse :

— Et finalement, tu l'as sautée ?

— Ben, oui.

— Tu vois, le romantisme et le cul, ça peut aller ensemble. Question de style… Bon, tu le retentes quand, le coup ?

— Y a un problème. Le poème, elle l'a gardé.

— Pas de souci, des trucs à la con comme ça, je t'en ponds dix par jour ! Je t'apprendrai.

Et c'est comme ça que j'ai commencé à prendre goût à l'écriture. Et aux femmes qui aiment rire. Aux vraies romantiques aussi, mais une fois passée la « barrière ». Ça aussi, ça faisait partie de l'éducation sentimentale de « Tonton vrai ».

— Sois excentrique, gaulois, toujours !

— Mais elles vont me prendre pour un gros lourdaud.

— Seulement celles qui ne valent pas le détour.

Il avait raison. Sa méthode, je l'ai éprouvée maintes fois. La « barrière », c'est la gaieté paillarde de façade. Au premier degré, elle attire les légères, les fantasques avec lesquelles tu passes des nuits sans réveil. Les chevaucheuses. Les cuisses vives. Celles qui ne vivent que l'instant, et qui quittent la chambre en balançant un « tchao » rieur sans se retourner, les chaussures à la main et les hanches qui tanguent.

Et puis il y a les autres : les « péri-durables ». Celles qui tournent autour du pot mais qui n'aiment pas le miel. Dans tous les cas de figure, elles s'aiment toujours plus elles qu'elles ne t'aiment toi. Elles s'offusquent d'emblée de ta grossièreté affichée, et, rien que pour ça, ne méritent effectivement pas le détour. Épouvantées par la première impression, elles dégoulinent de dédain et fuient à toutes jambes qu'elles n'écarteront que pour des séducteurs AOC. Aucun regret, leur exigence d'excellence les dirige définitivement vers la catégorie « chieuses psychorigides et invivables ».

Reste la divine. Intelligente et curieuse. Elle avale tes clowneries salaces avec un sourire en coin. Et au bout du show, elle applaudit mollement, te regarde au fond des yeux en souriant, et te susurre à mi-voix :

— Tu veux pas pousser ta bite, qu'on voie ton âme ?

Là, tu sais que le festin sera royal. Tout en saveurs et en arômes. Il y aura des vraies tendresses, des vraies confidences. Des couches nobles où on s'attend autant qu'on s'étend. Et des levers de soleil, à bout de sueur, où on parle encore de la vie, de ses ombres et de ses lumières.

Il m'a appris tout ça, mon « Tonton vrai ». En éducateur spécialisé, il m'a débarrassé de mon handicap de timidité. De mes complexes.

— On dit « beau comme un astre », et « gai comme un pinson », affirmait-il. L'astre est inaccessible, le pinson peut se poser sur leur épaule. C'est la différence entre ce qu'elles rêvent et ce qu'elles vivent. Beau, ça dépend pas de toi. Gai, ce sera ton choix.

Et puis cette dernière règle à laquelle, quels que soient les circonstances, l'endroit, l'état d'esprit, je n'ai jamais dérogé :

— Quand tu te regardes dans le miroir le matin, fais-toi systématiquement un sourire. Ça change tout. Tu auras au moins croisé dans ta journée une personne qui te veut du bien !

« Tonton prof », c'était plus tard. À l'adolescence. Un vrai professeur de philo. Alcoolique et joueur de poker. J'ai passé mon bac en candidat libre pour cause de mariage et de paternité précoce. Mon ami Olivier et moi lui devons tant. Il nous donnait des cours très particuliers sur la banquette désossée d'un vieux bistrot de Brive. Entre deux Ricard tomate et une paire de valets. Il nous appelait « mes petits », alors qu'il nous arrivait à peine à l'épaule. Rondouillard et sanguin, il avait quitté Paris pour des raisons qu'il ne nous a jamais vraiment détaillées.

— Un chagrin d'amour ? ai-je tenté un soir.

— Non, un chagrin de « pas d'amour ».

Il nous a fait passer des nuits entières à disserter sur l'être et le paraître, le futur du vécu et surtout sur l'incommensurable stupidité de l'homme qui obéit à Dieu alors qu'il ne devrait obéir qu'à lui-même. Puisque c'est lui qui l'a créé et pas l'inverse. Il terminait invariablement chaque entretien par la même citation de Rabelais :

— Quand on boit peu, on est un singe. Quand on boit beaucoup, on est un lion. Quand on boit trop, on est un porc !

Et invariablement aussi, notre question était la même :

— Et alors ?

La réponse était également chaque fois semblable :

— Ça sent le pâté !

Et on regardait partir cette petite boule bancale comme si c'était un géant. Tu sais quoi ? C'en était sûrement un. Mais il devait se déguiser en boule de gui pour qu'on ne le reconnaisse pas. L'humilité des très grands.

Il nous a appris des lois de vie aussi disparates que le pardon, le refus de la peur, l'insignifiance des honneurs, l'héroïsme des prostituées de rue, l'inélégance de la fatuité, l'acte gratuit, la défiance des Anglais, le rire de tout (on avait déjà les bases), la compassion muette, l'indignation hurlée, la bêtise simulée comme arme absolue face aux suffisants, le camembert passé au four, la solitude des foules, la lucidité de Céline, l'être et l'avoir sans que le premier soit esclave du second, le clitoris à ne jamais négliger, le destin qui, quoi qu'on fasse, a déjà tout écrit de nos vies, la tolérance envers les autres, l'intolérance pour soi-même, le désespoir gai, et le verre de Fernet-Branca menthe au milieu de la cuite pour éviter les nausées… Entre autres !

Si je ne devais garder qu'un seul aphorisme sur la centaine dont il nous a inondés, c'est celui-là :

— Mes petits, il ne faut pas vivre pour penser, il faut penser à vivre !

Je n'ai fait que ça, « Tonton prof » ! Et comme tu as eu raison de m'enseigner, un peu aigri par les femmes certes, que la Joie ne me tromperait jamais, elle. Même si je t'en veux un peu d'avoir mis en doute les certitudes d'Audiard, un de mes autres maîtres en gaieté.

— Les cons, ce ne sont pas ceux qui osent tout, ce sont ceux qui n'osent rien ! m'avais-tu rectifié, quand je portais aux nues le grand dialoguiste.

Tu avais raison. La note que j'ai eue au bac philo en est la plus belle illustration. Il fallait oser. Sur ton conseil, j'ai terminé mon exposé sur la caverne de Platon en écrivant ceci :

« Donc, les ombres sur le mur dessinées par la silhouette des vraies gens qui passent entre le feu et la caverne seraient des illusions. La vérité serait dehors. Vu que j'ai passé plus de temps avec mes copains dans la rue qu'à bosser le sujet, l'ombre de la mauvaise note plane sur moi. Mais est-ce que c'est ça qui m'empêchera de devenir un homme, un vrai ? Avec ses convictions, ses choix et le chemin qu'il se tracera vers son bien le plus précieux : la liberté. Sans tenir compte du jugement de l'autre, si bon examinateur soit-il… À votre bon vouloir ! »

J'ai eu 12.

« Tonton prof » m'a dit :

— Moi, j'aurais mis 14 ! Quand c'est couillu et que ça me fait sourire, je mets toujours 14. C'est les degrés du pinard que je préfère !

À la tienne, « Tonton prof » !

Mon troisième « Tonton farceur » est derrière les barreaux. Alors, quand la maladie me tue pas ceux que j'aime le plus, on me les enferme ! Ça commence à bien faire ! Association de malfaiteurs ? Avec tous les bienfaits dont j'ai été témoin, c'est la meilleure de l'année ! Ça tombe bien, elle va se terminer, l'année.

Il était temps.

Petit navire.

« Il était temps petit navire », au cas où, sur deux lignes, elle t'aurait échappé. Elle est nulle, éculée et navrante. Ton sur ton avec l'année qui vient de s'écouler. Non, mais franchement, tout ce ramdam pour un peignoir de bain coincé dans l'aspirateur d'un Sofitel !

Et « Tonton Max » qui reste en prison…

Lui.

Et pourtant, il n'y a pas de preuve non plus.

On est tous égaux devant l'injustice.

23 DÉCEMBRE 2011 (0 h 55)

« Les portes du pénitencier bientôt vont se refermer. » Ça ne risquait pas. Elles ne se sont jamais ouvertes. Pourtant, j'avais le permis de visite, et « Tonton Max » m'attendait au parloir de la taule de Carcassonne. Mais au dernier moment le coup de zèle d'une greffière m'a enfermé dehors. Une photo d'identité pas tout à fait aux normes. Pourtant, c'était bien ma tête dessus. Enfin, la tête de Patrick Sébastien, le mec de la télé… « Mais pour qui il se prend celui-là ? À expédier des photos que peut-être si on gratte avec l'ongle les couleurs peuvent partir parce qu'elles ont été scannées ! »

— C'est trop absurde, ai-je balancé à mon pote avocat. On va priver « Tonton Max » d'un petit remontant avant Noël, de quelques minutes d'amitié partagée pour ça ?

— Eh oui. C'est comme ça. Refais les photos et reviens la semaine prochaine.

Même si ça m'a contrarié fortement, j'avoue que je comprends cet excès de zèle. Sûr que ça doit les défriser que le petit bonhomme en mousse soit copain avec le gros bonhomme en taule. Parce qu'il fait son poids, l'animal ! D'ailleurs, tu peux supposer en le voyant qu'il trafique du cassoulet, mais franchement, des stups, va falloir vérifier ! Si ça se trouve, vu mon étiquette « Paris show-biz », ils doivent peut-être même se demander si j'en croquerais pas moi aussi de cette histoire de came… Tu te rends compte, moi qui n'ai jamais fumé un pétard dans ce monde de la télé où quand tu tapes dans le dos de certains, t'as les pompes blanches ! Un exploit.

Juré sur la tête de Lily.

Mais bon, on va laisser la justice faire son boulot, on verra bien.

Quoi qu'il en soit, c'est mon ami, Max. Il m'a connu tout minot. Du temps de Maman bistrot. Il montait à Brive de Toulouse avec une bande de soiffards pour des compétitions de motocross. Ça assèche, le sport. Fallait bien se recharger en sels minéraux au comptoir. Et compenser l'adrénaline aussi. Alors, il y avait toujours autour de lui quatre ou cinq « compenseuses ». Tu sais, les cuisses vives dont je te parlais avant. Il a toujours été généreux, « Tonton Max ». J'avais la permission de boire dans son verre. Et surtout de rire, rire et rire encore. Ces grandes tablées de bringueurs claquent sans cesse dans ma mémoire de nostalgique chronique. Et puis c'était les années 1970. Les dix glorieuses. Quand l'interdit d'aujourd'hui ne l'était pas encore.

On s'est vautrés dans la farce sans retenue. On a dansé sur les tables. On a lâché des poulets dans les cours de commissariat. On a déluré de la bourgeoise chic. On a fêté Noël en juillet. On a pourri des campagnes électorales en chantant *L'Internationale* aux meetings gaullistes et l'hymne américain aux fêtes du PC. On a faussé des courses cyclistes en surgissant à poil sur des Mobylettes. En alliant le courage des inconscients à la bêtise des garnements, on a fait de cette tranche de vie la friandise la plus sucrée de toute notre existence. Je n'y repense jamais sans saliver. Parce que ce n'était pas seulement un passe-temps agréable, c'était un art de vivre. Un art mineur ? Va savoir !

On s'est noyés dans le plaisir, mais dans les valeurs aussi. Celles des costauds d'avant. Respecter les enfants, les mamans, la parole donnée. Régler les différends face à face. Pas de sournois, pas de poignard dans le dos comme il y en a tant aujourd'hui. Un éventuel coup de boule au malpoli, mais pas de rancune. C'est là que j'ai appris à être aussi un homme. C'est te dire comme j'enrage quand je me débats aujourd'hui dans les couloirs de la télé contre les fourbes sans foi ni loi qui font du croc-en-jambe leur arme sacrée. Leur Excalibur. Pourtant, il m'avait prévenu, « Tonton Max », quand je lui confiais mes envies de show-biz.

— T'égare pas trop. C'est un milieu d'invertébrés. Trop polis pour être honnêtes. Je suis sûr que quand tu leur mets un coup de latte dans les couilles, ils te demandent si tu t'es pas fait mal au pied !

Visionnaire, en plus.

Après les années bonheur, il a viré commerçant et moi marchand de sourires dans le spectacle. Mais on ne s'est jamais lâchés de l'amitié. Ses affaires, ses enchristages, c'est son cursus personnel. Pour savoir que quelqu'un est un mec bien, je n'ai jamais eu besoin de son curriculum vitae. Si tous les dissidents du Dalloz devaient aller au trou, il ne resterait pas grand monde dehors. Alors, c'est sûr qu'il a bien dû faire quelques zigzags. Mais ceux dont on l'accuse aujourd'hui, franchement je les sens pas. Ou alors un coup de fatigue sur le tard, parce qu'il reste trop peu de temps au temps ? Non, même en réfléchissant bien, je ne le vois pas là-dedans. Dans le café crème peut-être, couleur voiture maquillée, mais dans le sucre en poudre vraiment pas. Ou alors, il a voulu rendre service. Sans contrepartie. Parce que chez lui, le cœur l'a toujours emporté sur la raison.

À moi, il n'a livré que du bonheur. Les seules lignes qu'on a partagées c'est des courriers de soutien à la mort de tous mes proches ou à la maladie des siens. Les seuls shoots qu'on s'est injectés, c'est des rigolades monstrueuses, des repas gargantuesques, des services mutuels, des promesses d'honneur et de vraies tendresses d'homme.

Pour le reste, le fait qu'il n'ait pas toujours été blanc-bleu ne me peint pas automatiquement des mêmes couleurs. C'est pas parce que ton meilleur ami est infirmier que tu sais faire les piqûres !

En même temps, pour en revenir à l'excès de zèle qui m'a privé de visite, c'est le revers de ma médaille de clown. Le petit contrepoids aux mille faveurs et passe-droits que m'accorde la célébrité. Il manquerait plus qu'il n'y ait que des avantages ! J'en ai subi de toutes sortes et dans tous les milieux, des délits de « gueule connue ». Le hasard de ma contrariété du jour me fait m'épancher sur ce « chipotage » judiciaire-là, mais il faut bien reconnaître que c'est quand même dans l'administration en général que j'ai rencontré le plus de ces petites misères.

C'est la vengeance des intouchables. Elle s'exerce aux deux extrémités du banc social. Soit sur les petits, les exclus, les sans-armes. Soit sur les trop hauts, les établis, les visibles. Histoire de les épingler pour une gloriole passagère : « T'as vu, je me suis fait Machin ! »

Mais il y a sélection quand même. Les vrais bandits planqués de l'establishment, les caméléons du pouvoir (tu sais, ceux qui ne changent jamais, quel que soit le président), la racaille de la Bourse et des entreprises délocalisées passent à travers les mailles du filet. Et pour cause, c'est eux qui le tiennent, le filet. Mais on va pas refaire la société non plus. Et puis, il vaut mieux que je me taise. Comme ils disent dans les films : « À partir de maintenant, tout ce que vous direz pourra être retenu contre vous. » J'ai déjà donné. Mais quand même, un petit peu encore. Histoire de. Ne serait-ce que pour te rassurer.

Mais oui, le « people » aussi a ses petites tracasseries ordinaires !

Flics, juges, guichetiers d'État, protecteurs de ci, représentants de ça, y en a toujours un qui veut se payer la vedette. Je dis bien « un », pas tous. L'exception qui confirme la règle. Le principe d'Archimerde : « Tout corps plongé dans le succès doit recevoir une poussée de haut en bas, pour bien lui faire comprendre que c'est pas une raison. »

— Une raison de quoi ?

— Je sais pas, mais, en tout cas, c'est pas une raison.

Ne crois surtout pas que je suis hors sujet. À chaque brimade, j'ai toujours utilisé la farce. À mes dépens bien sûr. Parce qu'humour et code pénal, ça fait rarement bon ménage. Exemple :

— Il paraît qu'ils vont mettre l'Alcootest à zéro !

— Ah bon, mais alors, qui c'est qui va conduire la voiture des flics ?

Te raconter celle-là, c'est un coup à te retrouver assigné. Pas pour insulte à l'administration policière, non. Pour divulgation de secret d'État.

Contrairement à ce que tu peux penser, je ne suis pas un bouffeur de képis. Il en faut, des flics. Il en faudrait même plus. Je ne suis pas réac, je suis inquiet. Les petites frappes dévissent de plus en plus dans le sordide. Et quand je vois le peu de moyens, le manque de considération interne, et la manipulation électorale permanente qui envoie les « schmitts » au casse-pipe, je me demande si mes convictions libertaires soixante-huitardes ne seraient pas un poil primaires, voire de mauvaise foi et complètement périmées. Mais on est pas là pour disserter sur la difficulté de la fonction et l'immense mépris de l'administration à l'égard de ses flics. Je veux juste te faire marrer avec une ou deux anecdotes tout à fait authentiques.

Attention, mon irrévérence ne s'est exprimée que parce que j'avais affaire à des bornés, des suffisants, le doigt sur la couture du règlement. Et je te déconseille fortement de tenter d'imiter mes outrances au hasard.

Tu pourrais tomber sur un vrai brave mec, et ce serait profondément injuste. Chaque fois que j'ai dégoupillé avec les forces de l'ordre et de la morale, c'est parce que celui qui me coinçait me faisait tout de suite comprendre qu'il allait me saigner.

Juste parce que c'était lui. Juste parce que c'était moi.

Ça s'est passé il y a une dizaine d'années, sur l'autoroute aux alentours de Rouen. Un bruit de sirène et les motos hurleuses m'ont fait signe de m'arrêter.

— Garez-vous là, éteignez le moteur, et montrez-moi vos papiers.

— Voilà.

— Je vous préviens, je regarde pas la télé !

Là, c'était posé, parfaitement clair. J'ai traduit immédiatement sa pensée : « Il croit que parce qu'il a sa photo dans le journal, il va m'impressionner celui-là… Je vais me le faire ! »

Un petit tour dans la camionnette « Le Forestier ». Tu sais, la petite maison bleue accrochée à la colline, cinq cents mètres après le virage où il y a le radar. Là, le cow-boy s'est brusquement fait une tête de shérif. Rappelle-toi, tu as dû le vivre toi aussi. L'ambiance lourde, les regards chargés de mystère et d'autorité. Il a déroulé le plus lentement possible la feuille carbonée dans la machine à écrire, et puis il a fait semblant de réfléchir, histoire d'allonger l'attente. Manquait plus que l'harmonica de Bronson. « Il était une fois sur l'autoroute de l'Ouest. » Encore un léger cliquetis de réglage de machine, et il s'est lancé :

— Bien ! Nom, prénom, profession.

— Mais, c'est écrit là, sur mon permis.

— Je sais, mais j'ai besoin de l'entendre. Le terrorisme est partout, on est sûr de rien.

Authentique !

Un long silence, et il a répété :

— Donc, nom, prénom, profession ?

Et moi, bien entendu, le plus sérieusement du monde :

— De Gaulle… Charles… Gladiateur.

— Pardon ?

— De Gaulle Charles, gladiateur… Enfin, au chômage parce qu'en ce moment, le boulot, ça court pas les arènes.

Il a eu un léger rictus de satisfaction.

— Bien, je vois que monsieur veut jouer au con.

— Ah, non, non, surtout pas. Je joue que quand je suis sûr de gagner. Là, je vois bien que je suis tombé sur plus fort que moi.

Et au moment où ça allait vraiment dégénérer, l'autre est intervenu. Parce qu'il y en a toujours un autre, et que malheureusement, au début, tu tombes toujours sur celui qu'il faut pas. Non ?

Il a balancé, rigolard :

— Dis, Christian, t'as pas fini de l'emmerder, le Patrick !

— Non, mais t'as entendu comment il se fout de moi ?

— Mais non, il plaisante. Faut bien rigoler un peu, hein ? Allez, mets-lui sa prune vite fait, et laisse-le partir, il a tué personne.

— À la vitesse où il roule, il pourrait.

— À cent quarante-cinq, c'est sûr. Mais à cent vingt-huit il avait le droit et il pourrait aussi tuer quelqu'un… Allez, laisse-le-moi, je m'en occupe !

— D'accord, mais je ferai un rapport musclé.

— C'est ça, ça te changera de ceux que tu as avec ta femme !

Je te jure que cette conversation surréaliste a eu lieu au mot près. Elle est gravée à jamais dans ma mémoire de contrevenant. Je te rassure, la morale est sauve et la Sécurité routière n'a pas été flouée. J'ai payé. Même si, au dernier moment, le gentil a eu un état d'âme inattendu.

— Le problème, a-t-il dit ennuyé, c'est que je peux même pas te demander un autographe. D'abord parce que je suis obligé de verbaliser, sinon l'autre nase va me pourrir la vie. Et que, par conséquent, je vais être obligé de mentir à ma petite-fille. Si je lui dis que j'ai aligné le mec du *Plus Grand Cabaret du monde*, elle va me faire la gueule pendant quinze jours !

Ça, c'est un vrai bonheur partagé, celui qui finit bien. Même avec deux points en moins. Un autre a eu un dénouement un peu moins heureux, en tout cas au début. Avec un de la même famille que le borné, pas, gentil de l'autoroute de l'Ouest. Sacré Sergio Leone, t'en as fait des émules !

C'était il n'y a pas si longtemps, en pleine nuit, à Paris. À peine l'effleurement d'une ligne jaune, en traversant le bois de Boulogne pour rentrer chez moi. Pour les suspicieux, ce n'est pas un alibi, j'habite en bordure. Mais, malheureusement pour moi, ma voiture de sport a tapé dans l'œil des perdreaux à l'affût. Et j'ai eu droit à la totale. Les mains sur le capot, la fouille. Toutes les allusions les plus chaudes à ma sexualité et à l'éventualité que je lui aie envisagé une petite fête. Plus le très élégant :

— Ça paye, le show-biz, vous pouvez vous marier avec les gonzesses que vous voulez, c'est pas la peine d'aller chercher des putes ailleurs !

Alors, je n'ai pas pu résister :

— T'es marié, toi ?

— Vous ne me tutoyez pas, s'il vous plaît… Et pourquoi vous me demandez ça, c'est des menaces ?

— Pas du tout. Mais je suis content pour toi. Quand tu vas rentrer, tu vas dire à ta femme que t'as aligné Patrick Sébastien, ça va lui faire plaisir.

— C'est pas mon genre.

— Eh ben, tu diras ça à ton mec !

Et allez !

Menottes, garde à vue et quelques mois plus tard, tribunal pour insultes à agent. J'ai été condamné. Comme Gainsbourg, Vian, Coluche. Bienvenue au club !

Rien que ça, c'était du pur bonheur.

Cependant, ma plus grande satisfaction de cette nuit-là n'est pas l'incident lui-même, mais le coup de téléphone pendant la garde à vue. Un seul, comme la loi l'autorise. Nana dormait, elle était sur répondeur. Alors j'ai dit à l'inspecteur d'appeler Maman. Sans l'affoler. En l'informant que j'étais au poste, mais que tout allait bien.

— Tu te souviens, Maman ?

— Bien sûr, il a été très prévenant. C'est vrai que depuis que le téléphone avait sonné pour m'apprendre la mort du petit, chaque appel nocturne me terrorisait. Ça doit être pour ça…

— Pour ça quoi ?

— Ben, la suite.

— N'exagère pas, quand même. Comme si tu avais eu besoin d'un prétexte pour exprimer l'immense sollicitude que t'ont toujours inspirée la police et ses représentants.

— Tu as raison.

L'inspecteur après avoir pris les gants nécessaires a relaté mon inconvenance envers les forces de l'ordre. Dans le haut-parleur, j'ai entendu Maman demander :

— Mais qu'est-ce qu'il leur a dit exactement ?

L'inspecteur a tout raconté. Et une jouissance proche de l'orgasme m'a envahi quand je l'ai entendue gueuler :

— Eh ben, il vous en a pas dit assez, parce que moi à sa place j'en aurais dit cent fois plus, bande de… (censuré)… Espèces de trous du… (censuré)… Allez vous… (censuré)… Avec des… (censuré)… Parce que… (censuré… censuré… censuré…).

Excuse-moi, Maman, de n'avoir pas relaté l'intégralité de tes propos, mais il y a quand même des limites que la décence et le respect des institutions nous obligent à ne point franchir. Non mais !

Au bout de toutes ces pages de confidences et de débilités intimes, je prends conscience, d'un coup, que la galerie de portraits que je te présente depuis le début de ce livre doit sans doute te décontenancer voire te décevoir. Des gens du peuple buveurs, paillards, marginaux. Pas un seul esthète reconnu, une star de cinéma, une princesse, un directeur de journal, un grand patron. La Joie n'est quand même pas l'apanage de ces ordinaires aux sentiments bruts ! Tout ça manque cruellement de finesse et d'élégance. C'est vrai. Je vais y venir. Mais je voulais d'abord t'expliquer mes bases, mes poutres.

Nous sommes tous fabriqués de chair, de sang et d'influences. Il n'est que de contempler à la télé les enfants soldats embrigadés hurlant des slogans extrémistes, une Kalach en bandoulière. Je suis, comme toi, et avant tout, tel que les autres m'ont fait. Et je considère comme une immense chance le fait d'avoir été élevé dans la religion de la plaisanterie. Ça m'a fabriqué intégriste de la futilité. Sans elle, je n'aurais pas résisté aux drames. Mon passage sur terre ne laissera rien d'autre que de microscopiques traces de bonne humeur. Même pas une empreinte. Mais ça me va.

J'aurais certainement pu faire mieux.

Mais mon pire est tellement plus agréable.

26 DÉCEMBRE 2011 (0 h 03)

Noël est passé.

Ouf !

Le simulacre de Joie a remporté son vieillard barbu blanc en costume de bimbo rouge, ses calories obligatoires en sauce, foie gras et autres confiseries, et ses cadeaux à la noix dont un superbe assortiment de jeux à gratter qui m'ont quand même rapporté six euros. La prise de tête habituelle pour assembler l'abominable puzzle de montage des jouets taïwanais nous a bien attaqué les nerfs. Et les hurlements des mioches qui veulent la console qui n'était pas prévue pour eux ont fini de nous les user. Tu peux y ajouter un festival d'allégresses simulées :

— Oh, une cravate ! Reste plus qu'à m'acheter le costume qui va avec.

— Tiens, un autoradio ! Dommage que j'aie plus de points sur mon permis.

— Ah, un rasoir ! Avec celui de l'année dernière et de l'année d'avant, ça m'en fera trois.

Avec l'arrière-pensée non exprimée : « Jusque-là ça allait, mais qu'est-ce que tu veux que je foute de trois rasoirs, j'ai qu'deux joues ! »

Et évidemment le crépitement des flashes pour immortaliser sur pellicule foireuse les lapins aux yeux rouges maquillés à l'anis, au bourgogne tiède et à l'eau-de-vie de prune assassine.

J'exagère bien sûr. J'ironise exprès. Histoire de dédramatiser encore et encore. Je me fourvoie dans le cynique pour masquer le cruel. Tous ces prénoms qui ont disparu des paquets au fil des années. Comme chez toi. Comme partout. Noël, c'est la seule fête de famille où il manque forcément quelqu'un. Alors, je me moque par dépit. Il faut bien. Le regard émerveillé de chaque enfant si près de son arrivée nous rapproche tellement de notre départ.

Bien sûr qu'elle était vraie, la Joie. Les yeux de Lily brillaient de mille feux. Tu penses, le quatrième Noël. Le plus beau. Ni trop petite ni trop grande. Avec ce regard espion à travers les carreaux pour tenter d'apercevoir dans le ciel une ombre de renne, un coin de traîneau. La larme de bonheur au coin de l'œil de Nana. Les petits bras de notre princesse qui nous serrent à nous étouffer, et tous ces bisous de remerciement comme si le Père Noël c'était nous. Alors, « Jingle bells ! » Et même si je le hais ce « Tristmas Day », j'ai fini par oublier ceux qui manquent pour enlacer de tout mon cœur ceux qui restent.

Et puis après, on s'est affalés, Nana et moi, sur le canapé télé. Histoire de récupérer des ébahissements de la marmaille et de ce shoot d'amour partagé. Au premier zapping, elle a froncé les sourcils sur le gros plan d'un vieil homme à petites lunettes.

— On le connaît, ce type. On l'a déjà vu quelque part, c'est qui ?

Après avoir vérifié d'un coup d'œil étonné sa mine sincèrement intriguée qui ôtait toute possibilité d'humour à sa question, j'ai répondu le plus calmement du monde :

— C'est le pape, Nana.

Un énorme éclat de rire. Et plein de sourires derrière. Et parce que les bulles de champagne, ça molletonne les scrupules, pendant cette messe de minuit, dont le faste ressemblait à un mariage à Buckingham, on s'est lâchés. Des commentaires salaces sur la pureté des enfants de chœur. Des observations au ras des pâquerettes sur les habits des cardinaux. Enfin, bref, de la pure déconne sur l'ostentation du sacré. Une petite digression ethnologique quand même : un soupçon de parti pris sur la figurine du petit Jésus qui, rouquin et potelé, aurait pu être le fils de Julie Lescaut et Michel Jonasz, mais sûrement pas un Moyen-Oriental de base. Du blasphème bon enfant, quoi !

Et voilà le « Teigneux » de Noël.

— Ben voyons ! C'est tellement facile. Ah ça, pour bouffer du curé y a du monde, mais pour taper sur l'islam, y a plus personne ! Parce que ça fouette chez les comiques. Dégommer de la bonne sœur ou du vicaire en chaleur, ça risque rien. Charger le catho, c'est dans les mœurs. Liberté d'expression, qu'ils disent. Mais cogner sur les imams, insinuer sur le halal, ça, c'est la « liberté d'explosion ». Alors, on ferme sa gueule. On fait dans son froc. Eh ben moi, du courage, j'en ai, et je peux vous dire…

Eh non, tu diras pas ! D'abord parce qu'en anonyme c'est pas du courage, ça reste de la bassesse. Et puis parce que, si ce soir exceptionnellement j'ai charrié le sacré, c'est que j'ai mes raisons.

Sur le fond, il n'a pas tort, le « Teigneux ». L'arrogance humoristique se fixe des limites souvent bien plus sécuritaires qu'éthiques. Mais en ce soir de paix et de compassion, la sollicitude de l'Église catholique, qui d'habitude a tout mon respect, me hérisse un peu.

Comme je te le disais plus haut, on se serait cru au mariage du prince William. Des ors, des pourpres, des ornements d'un luxe de circonstance. OK, pour le faste. C'est pas tous les jours Noël, et vu le décorum des autres religions, faut s'accrocher pour garder les parts de marché. Mais j'ai quand même eu un gros pincement au cœur. Parce qu'il y a un décalage flagrant et indécent entre le sommet et la base.

— Tu veux parler de l'enterrement d'Annie ?

— Oui, Maman. Je l'ai encore en travers. Et je suis pas près de remettre les pieds dans une église. Le seul enterrement où j'irai, ce sera le mien. Et encore, c'est pas sûr.

— Ne sois pas si amer.

— Franchement, y a pas de quoi ?

Maman ne répond pas. Elle sait bien que j'ai raison. Annie, sa petite sœur, est morte cet été. Encore une indispensable. Ma jumelle des années d'enfance. Ma confidente de celles d'après. J'ai grandi avec elle. Et je l'ai vue rapetisser avant moi. Encore l'érosion du crabe ! Alors, en regardant la cérémonie somptueuse de ce soir, je n'ai pas pu m'empêcher de revoir la parodie de messe qui était censée lui apporter le dernier hommage que sa religion lui devait.

Tu parles d'un hommage ! Pas de curé disponible. Tu as bien lu. Comme les taxis, le samedi soir à Paris. Pas de curé. D'abord parce qu'à Juillac le village est trop peu important et que donc il y a bien longtemps qu'on a dégraissé. Un curé pour douze paroisses. Eh oui, ma brave dame, c'est la crise ! Et en plus, ce jour-là, vacances. Désolé, mon vieux Brel, c'est dur de mourir au printemps, mais c'est pire en été. Enfin, je dis désolé, mais pour toi, le bouffeur de calotte, ça doit être tout sauf une surprise.

Pour moi non plus, mais je n'imaginais pas à quel point. Même pas un diacre. Pour la cérémonie, on a eu droit à des civils. Je répète au cas où tu croirais avoir mal lu. Des civils. Intronisés par le diocèse quand même, un minimum. Oh, pas des intrus, pas des Pôle emploi. Non, un couple de bénévoles de remplacement. Des dévoués. Je crois que ce qui m'a le plus choqué, c'est les fringues. Jeans et sandalettes. Tu me diras, en été, c'est plus confortable. Mais quand même, pas le moindre soupçon d'habit sacerdotal. Une vague étole peut-être, mais je me demande encore si ce n'était pas un foulard Eden Park. Une seule chose a été raccord : la quête, qu'ils ont faite deux fois et dont j'ai appris qu'elle leur faisait office de défraiement.

Putain de dernier sacrement !

— Excuse-moi, Maman, c'est pas du blasphème, c'est du dégoût.

— Je te comprends, mon petit, j'en parlerai à Dieu quand je le verrai.

C'est vrai que les ors et le luxe de cette messe de minuit à la télé sur écran plat m'ont secoué. C'est quoi cette religion qui ne respecte même plus ses morts ? Et ça ronchonne sur la multiplication des mosquées. Mais si le berger laisse crever ses brebis sans secours, on peut comprendre qu'elles s'égarent, non ? Alors moi aussi, je me suis égaré, ce soir. Dans l'incorrect, le blasphématoire farceur. Sans états d'âme. Avec ma Joie à moi. Cynique et grossière. C'était de la blague visuelle, mais je vais essayer de te la faire partager quand même. Si tu veux, fais les gestes indiqués, tu comprendras mieux.

Sur les images, le bon Benoît 16/9 a écarté une main à gauche, puis une main à droite. Ensuite, il a rapproché les deux, les paumes face à face à environ quarante centimètres d'écart. Puis il a ramené les deux mains pour les coller sur son visage, tête basse. J'ai fait la traduction à haute voix. Une vieille blague.

La main gauche écartée : « Tu me crois… »

La main droite écartée : « Ou tu me crois pas... »

Les deux paumes face à face à quarante centimètres d'écart : « J'ai une quéquette comme ça… »

Les mains ramenées sur le visage, tête basse : « Je peux pas m'en servir ! »

De la gauloiserie à me faire damner. J'irai en enfer. Tant pis. En même temps, si je dois me faire jeter à l'entrée du paradis par des anges en jeans et sandalettes, parce que j'ai pas de quoi payer l'entrée, je ne perds pas grand-chose. Mais les temps changent. « Les prêtres » cartonnent au Top 50. Annie, elle, a eu droit à un requiem foireux, accompagné sur bande à la guitare désaccordée.

Saint Nikos, priez pour elle !

Et une petite dernière, comme ça, sur la colère, avant qu'on parle d'autre chose :

Pas étonnant qu'à la fin de la Cène, Judas ait pris l'aubergiste à part pour lui glisser à l'oreille :

— Vous nous ferez des additions séparées !

Allez, Joyeux Noël quand même !

On va passer de la religion au sport.

Sans transition, comme disent les présentateurs de JT. Avec un point commun quand même : la trêve de Noël. Il arrive que les guerres s'arrêtent pendant les fêtes. Le rugby, non. C'est nouveau, ça vient de sortir. Le rapport avec la Joie ? Il est évident. Le professionnalisme l'a chassée petit à petit des vestiaires, comme Jésus avait chassé les marchands du temple. À la différence qu'en l'occurrence les marchands sont dans le temple et pas près d'en sortir. Et pas que dans le rugby, dans tous les sports. Mais comme c'est celui-là qui m'a forgé l'âme, je sais encore mieux de quoi je parle. Je vais développer plus loin mes nostalgies de cet ovale d'avant si cher à mon cœur, mais d'abord je veux généraliser.

Si les Joyeux guérissent toujours, le sport français n'est pas près d'aller mieux.

Je n'invente rien, je constate. Le fric qui ne pourrit pas tout, mais beaucoup de choses quand même, a submergé les compétitions mondiales. Avec la dope, les tricheries sur les paris, les salaires extravagants, force est de constater, comme disent nos amis commentateurs robotisés, que ça part en vrille de partout. Et tristement.

Malheureusement, plus chez nous qu'ailleurs.

Parce qu'au niveau des résultats, on fait le plus souvent dans l'élimination ou la médaille en chocolat. On pourrait mettre ça sur le compte d'une vieille Europe à la ramasse aussi sur son triple A athlétique. Penses-tu ! Les Ibériques caracolent en tout. Et pourtant, il n'y a pas bien loin entre Perpignan et Barcelone. Alors c'est quoi, la différence ? Une fierté atavique de toréador ? La magie du flamenco ? N'en déplaise à mon pote Yannick, je ne crois pas à la « potion magique ». En tout cas pas complètement. Si potion il y a, on est quand même au pays d'Astérix, et on est aussi filous que les autres.

Tu sais ce que je pense surtout : que l'Espagne dîne plus tard, chante plus fort, et vit plus libre et plus gaie. Les vallées des Pyrénées ont un adret et un ubac. Ne cherche pas dans le dictionnaire, au cas où tu ne te souviendrais pas. L'adret, c'est le côté ensoleillé. Et j'ai l'impression que la France est une succession d'ubacs. Une nuée de vautours de l'ordre moral et du sérieux nous mettent chaque jour un peu plus le cœur à l'ombre. Et quand on est de nationalité triste on ne gagne pas la Joie sur les podiums internationaux.

Arriba el « Teignos ».

— Et allez, une ânerie de plus ! Contador, Alonso, Inesta, c'est que des rigolos et Tsonga, Gourcuff et Baala des neurasthéniques. Non mais franchement, de quoi j'me mêle de mélanger tout à tout… Tant que t'y es, t'as qu'à nous dire que Loeb, il gagne juste parce qu'il a presque le même nom que Michel, et que son copilote doit le guider avec l'accent africain !

Je dis juste que, d'une manière générale, la mentalité française politico-médiatique, qui enferme de plus en plus tous nos mômes dans le grave et le formaté, nous fabrique des sportifs anxieux aux cerveaux appliqués et tendus. Avec, en plus, le flicage permanent de la fantaisie :

— La vie, c'est sérieux. Le sport peut te faire réussir dans la vie. Donc le sport, c'est sérieux. Sois le meilleur, mon gars. À n'importe quel prix. Et ne t'égare pas dans le plaisir. C'est du temps perdu. Et le temps, c'est de l'argent. Tu la veux ta place en D1 avec les deux Maserati, la mégavilla trente-deux pièces, et les trois piscines qui vont avec ? Alors transpire, détends-toi sur PS3, et retranspire.

— Et après j'aurai le droit de vivre comme les autres ?

— Quand tu seras meilleur qu'eux, oui.

— Et ça sert à quoi d'avoir trois piscines ?

— Tais-toi et cours !

Comment veux-tu expliquer l'esprit d'équipe à des minots bombardés dès leur enfance de litanies politiques, télévisuelles et publicitaires leur vomissant le « chacun pour sa gueule » ? Et au bout du compte, à part quelques handballeurs bien déjantés, quelques nageurs qui ne se la pètent pas, et des exceptions insouciantes, on s'empêtre dans la défaite au pire, la presque victoire au mieux, la tristesse et l'économie de marché. Et la moindre conférence de presse d'un entraîneur de foot à trois défaites de suite ressemble à un poteau d'exécution.

Eh, les mecs, c'est pas la guerre, c'est du sport !

Juste du sport. D'accord, y a le pognon, mais à égalité de Qatari, c'est toujours l'envie et la solidarité qui feront la différence.

De la Joie, bon sang, de la Joie !

Celle de vivre un événement plutôt que d'en vivre. Réapprendre à penser en héros plus qu'en euros. Lâcher de temps en temps la préparation diétético-pharmaco-numérique pour une éclate à l'ancienne. Et tant pis pour le portable qui te flashe à une semaine de la compétition un verre à la main et un string sur la tête.

Tu vas me dire que tout ça n'est pas vraiment faux, mais que le phénomène est mondial. Alors, pourquoi accabler notre beau pays ? Parce que, encore une fois, la dictature des tristes est une exception française. Et que la suffisance et l'autosatisfaction, que nos dirigeants et nos médias ont peu à peu instillées dans toute la population, ont fait de nous un peuple de gentils prétentieux amorphes.

Tu sais ce qu'ils disent de nous, ailleurs ?

« Si tu veux gagner de l'argent rapidement, achète un Français au prix qu'il vaut, et revends-le au prix où il s'estime. »

Alors, bien sûr que la France a une belle gueule. Surtout de profil sur la carte. Avec son front au nord, son nez breton, sa nuque alsacienne et son menton basque. Faudrait juste lui allonger l'estuaire de la Gironde jusqu'à Clermont-Ferrand. Pour un sourire plus grand.

Bon, je m'emballe un peu dans la critique facile et la métaphore géographique. J'idéalise comme toujours. Mais réfléchis bien…

Pas sûr que je dise que des bêtises !

Même mon bon vieux rugby commence à se désenchanter. C'est pour ça que j'ai quitté les travées. Au nom de mon principe de Joie numéro un, quel que soit le domaine : « Quand les inconvénients dépassent le plaisir, il faut arrêter. » Même quand c'est une passion.

Surtout quand c'est une passion.

J'ai vécu des moments exceptionnels sur le terrain et autour. Des bleus au corps et du rose à l'âme quand je jouais. Et l'immense jouissance de soulever la coupe d'Europe quand j'étais président de Brive. C'est « Freude » qui en garde la réplique miniaturisée, évidemment. Une aventure d'hommes extraordinaires. Ils étaient amateurs, j'étais bénévole. Ceci explique une partie de cela.

On n'a pas été Joyeux parce qu'on avait gagné, on a gagné parce qu'on était Joyeux.

J'ai appris récemment que, sous les maillots de l'équipe de Brive, les dirigeants ont fait poser des GPS. Pour étudier les courses au plus près, disséquer les efforts pendant les matchs. À quand le scanner des couilles juste avant d'entrer pour savoir si les joueurs ont le courage suffisant ? Le rugby de papa en a pris un grand coup sur la casquette à carreaux. Ils vont jouer pendant les fêtes de fin d'année donc, pour boucler un calendrier de forçats, rendement oblige.

J'ai quitté la dirigeance il y a quelques années en pleine révolution faux-cul-turelle. Trop de haine dans les tribunes, et de moins en moins de respect entre les joueurs. Et dans les bureaux du club house, une dérive à faire tourner en bourrique Armand Jammot : trop de chiffres et pas assez de lettres de noblesse. Bon, je m'intéresse encore, mais de loin sur mon canapé télé. Une vraie question de santé. Les enjeux financiers sont tels que le stress d'une défaite te démonte une semaine sur deux. Il y en a même qui en sont morts, comme ce jovial président d'un club proche de Toulouse que la descente en division deux a fait monter au ciel. Je n'avais pas envie de jouer à cette bascule-là.

Alors je sais bien que ça va faire ancien combattant courbatu, mais qu'est-ce qu'on s'est gavés de plaisirs et de vrais frissons ! On ne peut pas tout raconter, bien sûr. Parce que tout n'est pas avouable. C'est aussi ça qui l'a fracassée, la fête. L'intimité des vestiaires sans caméras protégeait nos secrets. Aujourd'hui, la perspective d'une compétition acérée et d'un plan de carrière pointilleux a réduit la plupart des troisièmes mi-temps à de gentils afters moelleux où les agents de joueurs précautionneux ont pris la place des Barbarella. Ça rigole encore, évidemment. Mais imagine si à l'époque ils nous avaient mis des GPS dans le slip et des électrodes au foie ! Un désastre conjugal et diététique.

Alors, d'accord, c'était rustre, incorrect, machiste et déglingué. Mais j'en ai gardé le souvenir de regards d'hommes embués de porter si loin leurs rêves d'enfant. Pas sûr que le partenariat avec les trois bandes et les transferts à prix d'or leur embellissent autant la mémoire !

Pas facile de choisir une anecdote parmi des milliers pour clore le chapitre. On va en prendre une bien paillarde, bien « rugby de papa ». Histoire de donner du grain à moudre aux progressistes responsables. Pour qu'ils s'offusquent. Pour qu'ils protestent, l'ordre moral en étendard. Pour qu'ils argumentent en fausse pudeur, en éthique d'entreprise. Puisque aujourd'hui ils ne sont plus que chefs de ça.

C'était un autre président.

Pas moi. Mais un pareil. Un Joyeux d'avant.

Son équipe avait perdu à Paris, et, paradoxe touristique, la rencontre du dimanche suivant, elle aussi était capitale.

— Messieurs, j'ai eu honte, avait-il balancé au vestiaire triste dans un silence de mort. Alors, ce soir, pas de folies éparpillées. On garde le car, je reste avec vous. On va pas visiter les musées, mais pas de Joconde de Pigalle non plus. Et tout ça à la flotte et au jus d'orange !

Tête basse, ils se sont enfilés dans le bus qui a traversé Paris sans un chant. Ils sont arrivés dans un restaurant vide. Le jambon blanc cornichons et les bouteilles de Badoit ont fini de leur planter le moral. Le supplice a duré un bon quart d'heure jusqu'à ce que le bon président attrape un micro.

— Messieurs, ce repas est à la mesure de ce que vous avez produit sur le terrain. Triste, sans saveur et sans odeur. Dimanche prochain, il faudra redresser la tête et surtout le cœur. C'est pour ça que dès ce soir, j'ai voulu attaquer la préparation physique et mentale. Le rugby est un sport de combat. Je vais vous présenter vos sparring partners. L'équipe qui va vous mettre dans les conditions nécessaires pour retrouver la flamme.

Et la musique de *Rocky* a jailli des enceintes.

Un escalier en colimaçon descendait du premier étage. Et les yeux des joueurs ont explosé quand ils ont vu apparaître la première paire de jambes. Avec le président en annonceur d'équipe :

— Numéro 1, Sandra… Numéro 2, Jessica… Numéro 3, Karine…

Elles sont apparues les unes derrière les autres. Vingt-deux. Autant que l'équipe et les remplaçants. Numérotées. Chacune un maillot du club correspondant au poste qui lui était destiné. Et en guise de short, chaussettes et crampons, des bas résille et des talons aiguilles. Pas des professionnelles, des vraies Joyeuses. Délurées et consentantes. En même temps, les serveurs, cachés jusque-là, sont sortis des cuisines avec des plats garnis à ras bord de tout ce que M. Cholestérol adore. Et champagne pour tout le monde !

Alors que l'« équipe bis(e) » se lovait déjà sur les genoux de chacun, le président a réclamé encore quelques secondes d'attention :

— J'aime ce club, les mecs. Je vous aime. Vous êtes jeunes, moi moins. Chaque fois que vous rentrez sur le terrain, c'est moi qui y pénètre par procuration. Le cadeau de ce soir, c'est ma preuve d'amour. Le match de dimanche prochain, je ne vous demande pas de le gagner pour moi, je vous demande de le gagner pour vous. Pour graver dans vos mémoires un des plus beaux moments de votre vie.

Bon, ils n'ont pas tous joué, il y avait quand même de vrais fidèles. Mais le dimanche suivant, on a gagné… Largement. Qu'est-ce que je raconte, moi ? Pourquoi je dis « on », vu que c'était pas moi, le président déjanté ? Remarque, ça aurait pu. Mais la morale et le respect conjugal m'interdisaient ce genre de comportement tout à fait déplacé. Non, moi, j'étais un président responsable, strict et à cent mille lieues d'une telle débauche de bas étage.

Enfin, quand je dis « bas étage », j'exagère…

Si je me souviens bien, elles ont quand même mis dix bonnes minutes à descendre toutes du premier !

28 DÉCEMBRE 2011 (23 h 12)

À vue de plume, nous voici rendus à mi-livre. Je ne sais pas encore combien je noircirai de pages et blanchirai de nuits. Mais mes Joies passées sont inépuisables, et j'aimerais t'en confier au moins autant que nous en avons partagées jusqu'à présent.

C'est l'entracte. Alors j'ai décidé de m'offrir une friandise.

Tu as peut-être ressenti jusqu'à quel point la jouissance d'écrire me conduit. Elle reste mon passe-temps le plus agréable et le plus antalgique. Quand mes doigts font crépiter les mots sur le clavier, je n'entends plus « mon pote le grillon ».

Le temps d'un chapitre, cette Joie, je vais tenter de la magnifier encore. Sans un écart. Sans à-coup. Sans parenthèse égrillarde. Juste te raconter une histoire heureuse. Une authentique. Mais en prenant le temps. Jusqu'ici, j'ai fait virevolter des éclats de gaieté passés mélangés à mon agenda du jour et à mes états d'âme. Comme ça, au débotté. En ne m'attardant que quelques lignes sur des anecdotes dont le déroulement durait parfois des heures.

Là, je vais dessiner en longues pages un instant qui a duré une minute à peine. Cette histoire extraordinaire est arrivée à un homme et à une femme ordinaires. Avec l'usure du temps, il arrive que l'homme prenne une maîtresse, la femme un amant, sans que l'un ou l'autre en soit informé. Il arrive aussi, beaucoup plus rarement, que le couple décide, d'un commun accord, d'ajouter une tierce personne à leur vie. Pour tester leur amour, donner un nouvel élan, et repartir sur d'autres bases. Avec le risque accepté de s'y perdre définitivement. C'est ce que je vais te romancer.

La particularité de ce récit est qu'à la fin, quand tu en auras la clé, je t'inviterai à le relire.

Tu comprendras pourquoi.

C'est une histoire d'amour.

On va d'ailleurs l'intituler comme ça.

ENCORE UNE HISTOIRE D'AMOUR

Son parfum n'avait pas quitté l'oreiller mauve depuis son départ. Et pourtant, plus d'un mois s'était écoulé depuis qu'elle était partie. Il avait erré de solitude accompagnée en solitude accompagnée. À ceux qui lui demandaient où elle était, il se contentait de répondre :

— En voyage, très loin.

— Et elle revient quand ?

— Je ne sais pas.

Et puis il ajoutait en riant :

— Si elle revient.

C'est vrai que le doute le hantait jour et nuit. Le monde est si vaste, si cruel. Un accident, une agression et tout se serait écroulé. Et le pire surtout. Qu'il la récupère plus seule qu'avant, les mains et le cœur vides, en lambeaux, bouleversée et marquée à vie.

Ce matin, au réveil, dans son miroir, il avait compté une ride de plus. À moins que ce soit la trace du drap qu'il avait serré si fort pour se faire croire qu'elle y dormait encore.

C'était bien la trace du drap.

Après avoir passé son visage sous l'eau fraîche, il l'avait redressé, hagard. La trace avait disparu. Et ses joues dégoulinaient tièdes. Quelques larmes. De Joie ou d'appréhension, il ne pouvait pas le dire.

Il ne peut toujours pas le dire au moment de son apparition.

Elle est revenue. Enfin. Encore plus belle. Le décor tout autour est passé au flou. Les grandes vitres de l'aéroport se sont embuées. Les hôtesses d'accueil ne sont plus que de vagues ombres bleutées qui glissent en silence. Les bruits extérieurs ont disparu aussi. Il n'entend que son cœur. Un marteau-piqueur à ses tempes.

Il est immobile. Elle avance au ralenti. Un panier blanc tangue à son bras. Les cheveux battent ses épaules comme une vague lente au rocher. Il l'a tellement attendu, ce ressac. Et comme les mourants à l'heure du départ, en un éclair il revoit tout.

Le dernier baiser et le dernier mensonge :

— Ne t'inquiète pas, dans quinze jours, je serai là.

Seulement voilà. L'Autre la lui a volée bien plus que quinze jours.

Juste après la première rencontre avec la « pièce rajoutée » là-bas, au téléphone, il devinait la Joie qu'elle retenait quand même pour ne pas trop le blesser. Lui qui était resté si loin, seul. Il avait insisté pour qu'elle lui explique ce qu'elle ressentait vraiment. Elle avait fini par lui avouer :

— Je suis bien.

— Je suis content pour toi, avait-il répondu en souriant triste.

Il était sincère. Il l'aimait tellement que chacun de ses bonheurs était le sien. Mais il avait raccroché coupable et un peu perdu. C'était sa faute s'il était si loin.

Toute cette nuit-là, il n'avait pas pu fermer l'œil. Il avait sans cesse tenté d'imaginer le visage de ce nouveau passager de leur voyage. Sûr qu'à l'heure qu'il était, elle devait s'épancher en caresses. Même avec le décalage horaire. La passion n'a pas d'heure.

Elle avance encore d'un pas dans l'espace brumeux du salon de l'aéroport. Et dans ce millième de seconde, il pense encore à la vie d'avant. Quand elle n'avait que lui à cajoler. Quoi qu'il en soit, dorénavant, il faudrait partager.

— Tu m'aimeras toute la vie ? avait-elle demandé au matin de leur troisième nuit.

— Toute la tienne, je ne sais pas, en tout cas, toute la mienne.

Il le lui avait prouvé. Et elle le lui avait bien rendu. Et puis le temps était passé par là. Avec ses habitudes, et ses manques obligatoires. Ils regardaient autour d'eux ces duos d'amis qui, fatalement, finissaient par se conjuguer à trois. Ils parlaient de temps en temps de l'éventualité qu'ils prennent dans leurs bras une autre peau que la leur. Qu'ils ouvrent le cœur à une autre aventure, qui, bien entendu, renforcerait le leur. L'« infidélité » qui consolide. Un intrus nécessaire. Au bout de tant de temps passé ensemble, il fallait que quelque chose de nouveau leur arrive. Quelque chose de fort. Ou d'inévitable. Puisque c'est le destin qui décide de tout, autant le devancer pour se donner l'illusion de croire que nous en sommes les maîtres.

Chaque fois qu'ils abordaient le sujet, elle brisait rapidement la conversation en disant que c'était inenvisageable. Il la rassurait en affirmant qu'il avait dit ça comme ça, pour parler, mais que ça ne l'intéressait pas non plus. Et puis un soir, à la fin d'un énième repas en tête à tête, il avait suggéré :

— Pourquoi on n'essayerait pas finalement ? C'est toi qui partiras, moi j'attendrai.

Au début, elle avait sursauté. Quelle idée de lancer ça, comme ça, sans prévenir. Et puis elle avait dit :

— Pourquoi pas ?

De retour dans leur maison, ils avaient tout analysé pendant des heures. Le choix était grave et pas ordinaire. Beaucoup s'y étaient essayés. Pas toujours avec succès. C'était difficile à vivre. Ils tombèrent d'accord sur le fait qu'il fallait que ça se passe loin. Hors de France si possible. La distance augmenterait l'anonymat de l'expérience et les risques que des proches viennent gâcher le bonheur d'après.

— Tu sais, je ne l'aurais jamais fait toute seule. Tu es bien sûr que tu le souhaites vraiment ? avait-elle répété plusieurs fois.

— Oui. Ce n'est pas un cadeau que je te fais. C'est un choix de vie pour nous deux. Pour écrire en mieux notre histoire d'après.

Ils disséquèrent tout jusqu'au matin : le plaisir qu'elle ressentirait, et bien entendu l'éventualité que ça puisse autant détruire leur couple que le souder à jamais. Ce sentiment qu'elle aurait pour une autre personne, le don de soi qu'elle ferait, avait quand même plus de chance de les réunir que de les séparer puisqu'ils l'avaient décidé ensemble. Mais il restait quand même le risque que l'Autre prenne plus d'importance que prévu. Au point que lui n'existe plus. Il admit que ce risque-là était réel, mais que s'il advenait, il l'accepterait.

Une ombre jaune et acier vient de passer dans son champ de vision. Un passager enturbanné qui a traversé entre eux en poussant un chariot à bagages vide. Elle avance encore… Encore un peu… Le parfum de l'oreiller l'envahit soudain. Il ne reste qu'un seul pas pour qu'enfin il la touche. Il est paralysé. Comme si c'était un rêve que le moindre geste pourrait briser… Mais non, sa joue vient de se coller à la sienne. Ça y est, il la serre. L'étreinte est encore plus brûlante qu'il aurait pu l'imaginer dans ses rêves les plus fous.

Ils sont un.

Encore un dernier flash-back.

La dernière nuit avant son départ. Après l'amour, il s'était écarté, comme pour déjà laisser la place à l'Autre. Et puis il était allé fumer une cigarette en regardant la mer. C'était l'été. Un bel été à deux. Le dernier certainement. Après, tout changerait. Pour lui et elle et rien qu'eux, c'était une sorte de fin. Surtout le début d'autre chose, espérait-il.

Elle était venue le rejoindre sur la terrasse. Elle avait glissé tendrement son bras autour de son cou, en lui murmurant :

— Ça va aller. Ça arrive tous les jours à des tas de couples.

— Oui, mais nous c'est pas le hasard d'une coucherie dont on ne sait même pas quel sera le résultat. C'est un choix.

Est-ce qu'ils avaient fait ça pour sauver leur couple, se sauver eux-mêmes ? Plus probablement pour prolonger leur amour. Parce qu'à partir de son apparition l'Autre deviendrait leur essentiel, leur secret, leur référence. Le point sur le « i » du verbe « aimer », disait

Cyrano. Mieux que ça : le point sur le « i » du verbe « vivre ».

Le hall de l'aéroport est toujours flou. Ils relâchent leur étreinte. Elle pose délicatement le panier blanc sur un siège. Puis elle soulève lentement le voile de tulle qui le recouvre et…

… Et c'est là que j'ai vu pour la première fois le visage de Lily, ma princesse adoptée à Tahiti.

C'était à l'aéroport d'Orly, un après-midi d'octobre 2007. Ma plus grande Joie. Mon plus beau cadeau. Ma claustrophobie maladive et irréversible m'avait privé du voyage en Polynésie. Nana, sa maman, était destinée organiquement à ne jamais avoir d'enfant. Au bout de dix-sept ans de vie commune, nous avons décidé ensemble de prolonger notre histoire en éternité. Et chaque jour qui passe nous comble de bonheurs nouveaux. Et chaque jour qui passe, nous inondons d'amour notre fille.

Elle est bien plus qu'un point sur le « i » du mot « vivre ». Elle n'est arrivée ni pour souder notre couple ni pour le prolonger. Elle est venue parce que c'était écrit. Dieu a toujours un cadeau d'avance pour ceux qui s'aiment. Il suffit d'attendre qu'il nous l'offre.

Voilà, l'entracte est terminé.

Le chapitre aussi.

Il est plus court, mais comme tu vas le lire deux fois, on est quittes.

Allez, vas-y ! Relis l'histoire, maintenant que tu sais de quoi je parlais vraiment.

Tu vas voir, elle est encore plus belle.

Moi, je vais au lit…

Dormir entre l'Une et l'Autre.

29 DÉCEMBRE 2011 (23 h 40)

Je suis encore allé voir le soleil couchant s'enfoncer dans la Dordogne, au bout des champs pointus plantés de noyers alignés en régiment, la branche sur la couture de l'écorce. J'ai longé les campings de canards sauvés du génocide de Noël. Et je me suis posé sur une pierre glacée juste pour contempler. Des lapereaux apeurés étaient assis sagement sur un banc de brume, à l'ombre d'un rocher troglodyte. Un « abri-buse », sans doute. Le ciel se fâchait tout rouge au fond de la vallée, comme s'il pestait contre son astre le plus beau qui s'en allait luire pour la nuit de l'autre côté du monde.

La rivière était vive. Énervée. Alors, j'ai imaginé, dessous, la folie des poissons courant les magasins d'algues et de sable pour préparer leur réveillon de la Saint-Sylvestre. Le barbeau gras se faisant tailler la moustache, histoire d'avoir de l'allure au bal des sandres, prévu à partir de vingt-deux heures sous les piles du pont. La truite mère farfouillant le moindre trou d'eau pour y trouver la douzaine de porte-bois à ouvrir bien frais à l'apéro.

Un délire de rêveur de fond, quoi !

La petite balade qui régénère. Quand je suis en manque d'inspiration et d'inspiration. Je n'ai pas fait de faute, il y en a bien deux : un ravitaillement pour le cerveau et de grandes bouffées pour les poumons. Et puis j'ai quitté la rive après une dernière tentative vaine de cinq ricochets à la suite. Petit, j'arrivais à huit. C'est vrai qu'à un mètre vingt j'étais plus près de la surface. Même en me penchant, je n'ai pas pu dépasser trois.

Mais non, c'est pas l'arthrose !

Ça doit être la faute des galets.

C'était la deuxième éclaircie de ma journée. La voix de « Sagittaire » au téléphone avait été l'autre. Gaie. Incroyablement détendue.

— Tu sais quoi ? Je suis à la maison. Ils m'ont laissée sortir. Je me sens hyper bien. Je suis toute neuve. Une gamine.

— Si ça se trouve, ils se sont gourés de signe. C'était pas Cancer, c'était Vierge. Vérifie qu'ils t'aient pas greffé un hymen !

Dis donc, et si c'était à force de tout ça, le répit ? Ce grand coup de soleil au bout de la tempête de ce dernier mois. À force de conneries de secours. D'éclats de rire quotidiens. Ça serait fabuleux, non ? Des jours et des jours de glissades, et là, d'un coup, une route en pente douce. À force de Joie.

Alors, « Carioca », que je trimballe en mémoire depuis le début, me souffle que c'est le moment de parler de lui.

Une petite genèse avant.

L'idée de ce livre est née dans un lieu saint. Enfin, saint pour tous les heureux et chanceux pratiquants du grand vivre. Le restaurant de Georges Blanc à Vonnas. Un pèlerinage trois étoiles obligatoire pour les gastronomes, quand on en a les moyens, bien entendu. En étape là-bas, je philosophais avec le grand chef sur les vertus bienfaitrices de la Joie.

— Tu peux pas mieux tomber, m'a-t-il lancé, jovial. Regarde le vitrail là-bas. C'est écrit en vieux français : « Les Joyeux guarissent toujours. » C'est de Rabelais.

Ça a été le déclic pour me lancer dans l'écriture. Et quelques jours plus tard, alors que je confiais mon projet à un ami, il s'est exalté lui aussi :

— Alors là, j'ai une histoire authentique pour toi. Tu peux commencer avec.

Je n'ai pas commencé avec, mais aujourd'hui elle tombe pile. Parce qu'au moment où je t'écris, il y a deux mots qui clignotent en permanence devant mes yeux et dans mon cœur : « Pourquoi pas ? »

Mon amie « Sagittaire » aussi forte que « Carioca » ?… Pourquoi pas ?

Je l'appelle « Carioca » parce que sa véritable identité importe peu. C'est juste un être humain comme toi et moi à qui on a annoncé à l'âge de vingt-cinq ans qu'il développait un lymphome. Une tumeur généralisée avec un pronostic vital limité à quelques mois. Le condamné (puisque c'est ainsi qu'on appelle injustement ces punis sans avoir fait de faute) a décidé que, perdu pour perdu, il fallait profiter de tout.

Alors il s'est lâché dans une vie de plaisirs à outrance. Fêtes, filles, champagne. Les boîtes, les extravagances, tout ce que la vie peut offrir de joyeux en catalogue. Même le Concorde en première pour aller brûler ses dernières cartouches au carnaval de Rio. Carioca, donc. D'importation, mais carioca quand même. La vie rêvée de tous ceux qui n'ont plus rien à perdre et du temps à gagner… Petit détail qui a quand même son importance : pour se payer tout ça, il s'était enseveli sous des monceaux de crédits dont il se foutait bien puisque, de toute façon, il n'y avait aucune chance qu'il les rembourse. À part dévisser les poignées d'un cercueil, le cimetière, pour les huissiers, c'est déjà l'enfer.

Et puis retour au pays.

Et là, la surprise divine : rémission totale. Le lymphome avait laissé ses dernières plumes aux fesses des danseuses qui suivent les *batucadas*. Alors, bien sûr, la science, un peu à contrecœur, a bien été obligée d'accepter son erreur de diagnostic. Dans ces cas-là, elle trouve toujours de vagues combinaisons de molécules inattendues pour sortir la tête haute du mauvais pronostic. D'autres ont invoqué un miracle à l'ombre du Corcovado. Le sacré, c'est comme la restauration. En cas de baisse de fréquentation, si on veut faire des bénéfices, il faut bien se rattraper sur le black.

La vraie cause de cette rémission était à coup sûr ailleurs. L'intéressé lui-même en est toujours persuadé. Les éclats de vie lui avaient explosé l'intrus. Avec un petit bémol tout de même. Cette résurrection pré-mortem avait accouché de deux cents briques d'impayés. Alors, tous les copains s'y sont mis, et « Carioca » coule aujourd'hui encore des jours heureux, en belle santé et sans la moindre dette.

Elle est pas belle, l'histoire ?

Et si « Sagittaire » partait pour le Brésil ? Non, bien sûr, elle n'en a pas la force encore. Mais qui sait ? En tout cas, je vais réserver un vol pour Manaus. Comme ça, en clin d'œil, en grigri. On ne sait jamais.

Quoi qu'il en soit, aujourd'hui elle va bien. C'est toujours ça de gagné. Alors, c'est jour de fête. Ça s'arrose ! Au champagne, bien sûr.

— J'ai une santé de fer et des nerfs d'acier, si je bois de l'eau, ça va rouiller !

Ça, c'est de la belle parole d'ivrogne ! Comme du temps où je l'étais. Pire même : alcoolique. Ça n'a pas duré longtemps, mais suffisamment pour qu'un éclair de lucidité me fasse dire le jour de mes trente-deux ans : « Basta, stop, terminé, j'arrête. » Alors le champagne, ce soir, ce sera un verre seulement. Et encore. Je vais tremper les lèvres, comme ça, pour le geste. Petit geste. Ça fait tellement longtemps que le coude n'est pas monté au-dessus de la clavicule.

J'ai glissé de « Sagittaire » à mes déboires d'ex-imbibé pour, une fois de plus, t'expliquer la Joie salvatrice. Un paradoxe de prime abord. Parce que s'il est un synonyme de Joie, c'est bien l'ivresse. Tant que tu en es le maître, oui, mais plus du tout quand tu en deviens l'esclave.

« Arrêter dès que les inconvénients dépassent le plaisir. »

Je te l'ai déjà écrite, celle-là, mais je la répéterai dix fois s'il le faut, tant elle est essentielle. Il est bien possible qu'elle finisse même sur ma pierre tombale. Ne serait-ce que pour que mes visiteurs posthumes s'enfuient à toutes jambes, tant il est désolant et inutile de perdre son temps à s'apitoyer sur du marbre à l'ombre des sapins tristes. Sauf si mes descendants ont la bonne idée de faire installer autour de ma sépulture un manège d'enfants, des machines à sous et un bar à filles. Je profiterai de la musique et des éclats de rire.

Les gens à triste figure ont suffisamment gâché ma vie pour que je leur interdise de gâcher ma mort.

Arrêter dès que les inconvénients dépassent le plaisir, donc, mais seulement quand on en a le choix, bien entendu, et selon ses responsabilités. Descendre du train en marche parce que ton boulot t'ennuie et mettre toute ta famille à la rue, non, bien sûr. Mais ça joue pour tout ce qui est addiction : l'alcool, le jeu, les femmes, et toutes ces passions qui, au fur et à mesure de la pratique, détruisent plus qu'elles ne consolent. La passion du rugby, je t'en ai déjà parlé. Le jeu et les femmes, ce sera plus loin. L'alcool, donc.

Au début, j'ai bu pour faire comme les autres. Avec d'autres qui buvaient pour faire comme moi. C'était des cuites d'ado, histoire de se désinhiber, à cause de la timidité et de l'acné. Le week-end surtout, après les matchs. Ça finissait le plus souvent par de la bagarre de bal. Du « bourre-pif » ni très glorieux ni très dangereux. Pas de couteaux, pas de calibres. De la baston à l'ancienne. Avec des prétextes débiles affichés :

— Pourquoi tu me regardes comme ça, toi ?

— Mais j'te regarde pas.

— Ah bon ! Alors pourquoi tu me regardes pas ?

Et boum !

L'œil poché était une blessure de guerre. Après, on se prenait pour des soldats valeureux qui rentraient de campagne. On était juste des petits cons ordinaires. Mais on a ri plus longtemps, dansé plus fou, aimé plus fort, grâce au « p'tit coup dans la musette », qui nous a fait passer une jeunesse pétillante et sucrée.

Quand je me suis lancé dans le show-biz, les troisièmes mi-temps sont devenues quotidiennes. En lâchant les terrains de sport, je n'avais plus à m'inquiéter de l'effet nocif des excès sur mes performances physiques. Je buvais un peu pour me donner le courage de monter en scène. Et un peu plus pour fêter ça, après. Mes nuits sont devenues « déglingaies ». Toutes mes nuits. Pour tout raconter, il faudrait cent chapitres. Mais ça n'aurait pas beaucoup d'intérêt. Ces délires-là, on ne les comprend bien que si on les vit. Relatés à froid comme ça, sans l'ambiance du moment, ça fait toujours crétin, voire barbare. Mais, pour te donner quand même une petite idée de ces folies de décalqué, je vais te faire le Top 5, en abrégé, des fantaisies que, sans l'alcool, je n'aurais jamais eu l'audace ou l'imbécillité de tenter :

5) La sortie de la messe à onze heures du matin, à poil en pleine rue, un seau de champagne sur la tête. C'était rue Saint-Honoré à Paris, après une nuit de fiesta torride. Une suite logique à la « prière » de la nuit :

les principaux pensionnaires de chez Michou avaient œuvré, à genoux sur le trottoir, au pied de la sainte église. En tenue de scène évidemment. Mireille Mathieu, Dalida et autre Sheila plus vrai(e)s que nature en train de s'occuper « religieusement » d'une armée de soiffards au garde à vous, tu la vois, la reconstitution biblique ?

4) La cellule à Agadir. À la troisième bouteille de gris, dans un restaurant de copains, j'avais remarqué à travers la vitre la voiture des flics vide en stationnement. Malgré les injonctions du patron à me méfier de la sévérité locale, je n'ai pas pu résister. Je suis allé recouvrir le véhicule de semoule, de merguez et de pois chiches. Et j'ai attendu que ses habitants reviennent, le Nikon à portée de la main. Juste pour le plaisir de rapporter à Paris la photo d'un « couscous poulets ». Ça m'a coûté une nuit au poste. Et surtout l'indulgence inattendue du commissaire local en échange de quelques bonnes adresses à Pigalle.

3) L'inondation du Black Jack, à Nouméa, par le patron de l'établissement lui-même. Après trois jours de cuite ininterrompue, quelques tamourés et l'attaque aux bouchons de champagne du phare Amédée, j'ai fini en miettes dans la boîte la plus sympa de l'île. Pour éliminer les toxines, j'ai proposé un exercice nautique. Plus bourré que moi, le taulier m'a mis au défi. Il a ouvert tous les robinets en bouchant les éviers pour que son night-club devienne piscine olympique. On a fait un concours de crawl dans cinquante centimètres de flotte au sol. J'ai gagné.

2) La corrida du *Singe en hiver*. Un classique. Du Blondin de secours les soirs où on manque d'imagina-

tion. Pour les incultes en septième art et ceux qui n'ont jamais remonté le Yang-Tsé-Kiang, je précise que ça consiste à toréer des autos. Bourré, bien sûr. Comme Bébel. Ce soir-là, devant le restaurant en bordure de nationale, j'ai fait trois poids lourds et douze voitures. La treizième a zigzagué et a fini sans dommage sur le talus. Un homme est sorti en furie. C'était El Cordobes lui-même. Il s'est précipité pour m'asséner une belle droite. Tu ne me crois pas ? Tu as raison. C'était pas la star des arènes. C'était un anonyme énervé, c'est tout. Et balèze en plus. Donc, la droite, je l'ai bien reçue. C'est au sortir du K.-O. que j'ai balbutié, par association d'idées, sans doute : « Eh ben… Pourquoi il m'a tapé, El Cordobes ? » Le surnom m'a suivi pendant tout le reste de la tournée.

1) Le foutage de gueule de six tops mannequins dans un hôtel de Nîmes. Elles nous toisaient, du haut de leur mètre quatre-vingts de frime. Dédaigneuses, hautaines. Des étoiles de pacotille qui écrasaient d'un talon méprisant les pauvres vers de terre que nous étions. En désespoir de cause, pour être raccord avec leur monde, on les a appâtées à l'artificiel. On leur a proposé de la came en cachet, en leur précisant qu'il ne fallait surtout pas en prendre plus de trois. Que c'était un truc nouveau redoutable qui venait soi-disant de Colombie. Dix minutes après avoir gobé trois doses chacune, elles nous vantaient déjà un état second… Hou, les menteuses ! C'était des dragées Fuca, le top du laxatif. Importé de la pharmacie du coin. On n'a jamais été aussi heureux d'être réveillés par un concert de chasses d'eau.

Et voilà ! Oh, je sais que ce n'est pas vraiment glorieux, et que certains doivent même trouver ça pitoyable. Mais quand on pense aux violences routières ou conjugales, c'est encore ce que l'alcool peut générer de moins dramatique. Par bonheur, je n'ai jamais versé dans ce sordide-là. Mon alcool de fête a toujours été Joyeux, sans agressivité démesurée et imaginatif… Très imaginatif. Parce que ce Top 5 n'est qu'une minuscule partie de mes délires paillards, insipides et si choquants pour l'esprit fin. Et encore, je t'ai choisi les plus avouables. Il y a eu tellement pire ! Ou tellement mieux selon qu'on étalonne ces dérapages au plaisir ou à la morale. Mon éducation rabelaisienne a enfanté ces folies douces, la consommation d'alcool les a fait grandir. Ces ivresses festives ne guérissaient rien d'autre qu'une fièvre de vivre le plus fort possible.

Et puis le chagrin d'amour est passé par là.

— Je te quitte, m'a-t-elle dit un jour, sûre d'elle.

— Pour quelqu'un ?

— Non, pour moi.

C'était pire. Même pas un ennemi identifiable. Alors j'ai glissé dans l'autre alcool. Le diabolique. Le destructeur. Je suis passé de la beuverie fréquente à la perfusion quotidienne. Pour oublier que j'avais mal. Et au matin, quand je voyais ma tête dans la glace de la salle de bains, je me disais que c'était surtout pas avec une gueule pareille que je pourrais la récupérer. Alors je buvais pour oublier que j'avais bu. Le serpent qui se mord la queue ? Même pas. Dans ces moments-là, il n'a plus de queue, le serpent. Juste une tête plate avec la langue qui fourche.

Ce n'était pas de la réparation, c'était du colmatage. Du whisky en ciment. Lourd.

Plus rien n'était léger.

Et puis, de verre en verre, le chagrin s'est étiolé. Mais l'habitude est restée. Et avec elle, cette illusion que, sans ces « verres de contact », comme les appelait Blondin, je n'étais pas assez fort pour me retrouver seul. L'erreur majeure. On est toujours seul quand on boit à ce point-là. Et encore plus quand on est accompagné. Puisque ceux qui te suivent n'ont même pas le courage de te dire que tu fais fausse route. Tu en arrives même à renier ceux qui tentent de te remettre sur le bon chemin. Tu en fais des jaloux, des faux amis. Alors qu'en fait ce sont eux, les vrais.

J'ai tout connu. Les nuits d'angoisse, la tête qui tourne, les nausées, la mauvaise sueur, les mains qui tremblent et les hallucinations. Et malgré ça, toujours et toujours rallumer le four. Parce que le premier verre du jour te remet en piste. J'avais même remplacé le café du matin par le fond du dernier whisky de la veille. Si je n'avais pas mis fin à ça, j'en serais mort. Parce qu'il n'y avait plus un soupçon de gaieté. Il m'est arrivé parfois de finir mon litre et demi quotidien sans avoir eu l'ombre d'un sourire.

— Et pourtant, j'ai tout essayé pour te faire comprendre qu'il fallait arrêter, me souffle Maman.

— Je sais… Et c'est peut-être ce dont j'ai le plus honte dans tout ça.

— Quoi ?

— Qu'on en soit venus à des scènes d'une violence verbale inouïe. Des engueulades monstres où on s'aboyait dessus sans discernement.

— Hélas… Hélas et tant mieux.

— Tant mieux, oui.

Parce que c'est une de ces scènes qui m'a sauvé la vie.

J'avais appelé le Samu deux ou trois fois dans le mois. Après des réveils difficiles, avec le cœur qui s'emballe et les vertiges qui empêchent de se lever. Alors, j'étais descendu passer quelques jours à Martel. En cure de famille seulement. Ce soir-là, j'avais encore avalé ma dose quotidienne indispensable.

Assise en bout de table, Maman argumentait. Et je répondais, sûr de moi :

— J'arrête quand je veux.

— Quand ?

— J'en sais rien. Pour l'instant, je veux pas.

— T'as vu dans quel état tu es ?

Et j'ai bondi. Mais non, je n'étais pas une épave, puisque je continuais à chanter, à valser quand même sur les scènes ! Deux cents galas par an…

— Si j'étais si atteint que ça, je ne pourrais pas les faire. Crois-moi, Patrick Sébastien, il assure grave. Tout le monde le dit, même les journaux. Et puis, il multiplie les conquêtes comme jamais.

Bon, j'ai passé sous silence ces deux ou trois fins de nuits pitoyables où je m'étais endormi dans la dame.

Un sommet de goujaterie et d'humiliation personnelle. Et surtout cette agressivité permanente envers moi-même. Ces tentations quasi quotidiennes de suicide, qui s'arrêtaient à un rebord de fenêtre sur lequel je finissais par vomir, avant de m'écrouler, en pleurs, dégoûté un peu plus de moi.

L'alcool est une cage diabolique. On y entre pour s'y abriter des autres. Et les barreaux s'ajoutent sans qu'on s'en aperçoive, jusqu'au moment où ils sont trop serrés pour qu'on puisse sortir.

Ce soir-là de « socle » à Martel, au-delà de parler à la troisième personne comme tous ceux qui ne sont plus eux-mêmes, j'ai tenu tête à Maman. Jusqu'à l'inexcusable : l'accuser de tous mes maux. Prendre prétexte de ses erreurs de parcours pour justifier les miennes. Et le pire : lui lancer que celui qui n'avait pas voulu la prendre quand j'étais né n'avait rien perdu. Et que j'aurais préféré que ce soit elle qui ne me reconnaisse pas.

Je n'en pensais pas un mot, mais la première gifle a claqué très fort. Quand elle a amorcé la deuxième, je lui ai agrippé le poignet violemment. C'était la première fois que j'osais lui résister physiquement. Elle a ouvert des yeux incrédules. On est restés comme ça de longues secondes. J'ai desserré mon étreinte en baissant la tête. Et j'ai reçu la deuxième sans broncher.

Et puis, sans un mot, elle a versé le reste de whisky de la bouteille que j'avais déjà bue aux trois quarts. Le dernier verre de ma vie d'alcoolique, je l'ai pris en plein visage. Avec, en fond sonore, une voix de mère blessée qui disait calmement :

— Bon anniversaire, Patrick Boutot !

Et dégoulinant de larmes aussi, je l'ai vue s'éloigner sans se retourner. Même quand j'ai dit, au moment où elle passait la porte :

— Pardon… Cette fois, j'arrête.

Ce dernier verre, c'est un des plus beaux trésors de « Freude ». Parce que, depuis ce 14 novembre 1985, je n'ai plus jamais pris la moindre cuite. J'ai passé deux ans sans même une goutte de vin à table. Et puis tout doucement, j'ai bu un verre par-ci par-là. Pas plus.

Et je suis redevenu Joyeux.

Vraiment.

Les délires festifs, les outrances, les déglingages, ne crois pas que je les aie posés à côté du verre. J'en vis encore des tas. Mais à jeun. Et tu veux que je te dise ? Je m'en régale encore plus. Parce que le lendemain, je me souviens de tout. Absolument tout. Et si j'ai la faiblesse de m'endormir dans une dame, c'est qu'elle me l'a demandé gentiment.

« Il faut arrêter quand les inconvénients dépassent le plaisir. » Encore une fois. C'est aussi pour ça que je dis depuis toujours que je choisirai ma mort avant qu'elle me choisisse.

Quoique !… J'en suis de moins en moins sûr.

À cause d'une petite fille de quatre ans qui vient de me tirer par le bras.

— T’as pas fini que tu écris ?

— Qu’est-ce que tu fais debout à cette heure-ci ?

— Eh ben, je déjeune. Il faut pousser l’ordi pour mon lait…

Je n’ai pas vu le temps passer.

Déjà huit heures du matin.

Déjà cinquante-huit ans du soir.

Dont la plupart de Joie.

Et une de plus !… Qui débarrasse son bol toute seule et nettoie les miettes.

Je n’ai pas vu le temps passer.

31 DÉCEMBRE 2011 (15 h 15)

Je vais commencer plus tôt aujourd'hui. Pour sauvegarder ma nuit de passage à l'an neuf. Et en ce jour de fête programmée, je vais te parler d'un emblème de la fiesta. Une éminence. Un Joyeux chronique. Un ami fidèle. Il s'appelle Norbert et il est de Carcassonne.

… Et Norbert a appelé une ambulance.

Norbert, restaurateur à Carcassonne, c'est cent quarante kilos de bonne humeur et…

— … Et tu commences à nous gonfler ! hurle le « Teigneux ». Tu vas nous en défiler combien de tes potes anonymes gras et gaulois ? Ça va, on a compris, maintenant. Entre tes tontons vulgos, tes canulars de fond de Corrèze, et tes rugbymen pleins de vin, on sature. On n'a toujours pas croisé un vrai « people ». Parce que c'est ça qu'on voudrait savoir. Comment elles sont vraiment, ces stars pourries de fric qu'on suit à la trace dans *Voici* et *Gala*. Sûr que toi, tu dois en avoir du croustillant. Peut-être même que le Strauss-Kahn, t'as fricoté avec lui chez ta copine Denise. Et Dany Boon, il est vraiment rigolo dans la vie comme Biloute ? Et

Johnny, c'est ses vraies lèvres quand il rigole ? Et Sarko, il se la donne à quoi ? Parce qu'il faut les assurer, les nuits à scotcher l'Europe… Il prend du Viagra de la tête ou quoi ?

Bon d'accord, on parlera de Norbert de Carcassonne plus tard. Allez, je t'emmène à Monaco, dans une arrière-salle de l'Hôtel de Paris. Plus *Gala* que ça, c'est pas possible, non ?

— C'est sûr.

— Alors, voilà. Le prince Rainier faisait tourner sa serviette sur mon tube le plus connu pendant que Maman roucoulait à l'oreille de James Bond. Ça te va, ça ?

— Non, mais tu me prends pour un con ! C'est du vrai qu'on veut, pas de l'inventé.

— Mais c'est du vrai, mon gars. Je te le garantis authentique. Tu peux te renseigner, il y avait des témoins. Maman mangeait vraiment Roger Moore des yeux. Même Shirley Bassey a fait « la, la, la » sur l'air de *Pourvu que ça dure*.

C'était pour l'anniversaire d'Yves Piaget, un petit bonhomme aux cheveux couleur neige qui adore les artistes. Il y a quelques années, je me suis lié d'amitié avec ce personnage généreux réglé sur le respect de l'autre avec la précision de son horlogerie de luxe. À ses côtés, j'ai partagé pas mal d'événements de la cour monégasque. Du festival du Cirque au bal de la Rose, le Sébastien des campings a pu se glisser en douce aux soirées clinquantes du Rocher.

Bon, ça ne roulait pas sous la table et ça ne montait pas dessus non plus. Mais la Joie était bien là. Un peu plus parfumée et un peu moins franche, mais elle était là. J'ai passé de véritables soirées détendues et amicales. Je m'y suis ennuyé aussi parfois. Mais joyeusement. Parce que, avec Nana, on avait toujours le commentaire en coin qui nous faisait distraction :

— T'es sûr qu'on s'est pas gourés de salle ? On se croirait au Musée océanographique. Vois l'autre là-bas avec ses poissons-lunes dans le corsage et sa bouche de mérou… Gaffe, une pieuvre ! Ah non, pardon, c'est le bras de ta voisine, j'avais pas vu les bagues.

Ou alors :

— Y a l'émir qui te mate. OK, je te prête, mais je veux dix euros de ristourne pour mon plein chez Total.

Et encore :

— Je vais mettre « Popaul » dans l'assiette avec la scarole par-dessus. Après, j'appellerai le serveur pour me plaindre qu'il y a un ver dans la salade.

— Ah non, Patrick, pas ça ! s'offusquait Nana.

Elle savait bien que j'en étais capable, puisque je l'avais déjà fait. Mais pas là, bien sûr. Dans des dîners « d'en bas ». Des dîners où je m'ennuyais aussi, d'ailleurs. Parce que la soirée rasante n'est pas l'apanage des hautes couches de la société. L'anniversaire de tatie Marcelle où ça piaille des lieux communs et des rancunes rentrées, non merci ! Avec la projection obligatoire des photos des vacances au camping de Saint-

Jean-de-Luz, encore moins. Surtout quand je passe la soirée à répondre à des questions aussi intéressantes que : « Et Drucker, il est vraiment gentil ? » Au moins, dans les pince-fesses coincés, ils s'en foutent, de Drucker. Le dimanche après-midi, ils ont golf.

Pour être complet sur le thème « dîner en ville où on aurait peut-être mieux fait de rester chez soi », il y a aussi, entre la base et le sommet, le populo moyen. Lui aussi peut être dégoulinant de frime, de suffisance et d'ennui. Je me demande d'ailleurs si je ne préfère pas les riches de toujours aux nouveaux. Il n'y a pas une énorme différence de débit de lieux communs à la minute entre la comtesse pure souche ivre à la vodka et la femme de chirurgien esthétique pétée au beaujolais. Pas plus qu'entre un ponte de la technologie et un marchand de saucisses en gros. Ça finit toujours par la critique des impôts, la flemme de la main-d'œuvre, et le grand discours sur l'insécurité des banlieues où ni l'un ni l'autre n'a jamais mis les pieds.

Et moi, je me balade entre les uns et les autres, sans *a priori*, mais en ouvrant bien mes yeux et mes oreilles. Histoire de continuer à transmettre à mes enfants que l'habit ne fait pas le moine.

Qu'il ne faut pas juger sans connaître.

Que l'apparence est le cancer de la vérité.

Et qu'il faut se méfier des porte-jarretelles.

Les prostituées en mettent, mais c'est surtout les femmes du monde qui les gardent pour faire l'amour.

Ma vraie richesse est là.

Dans ce grand écart entre les bodegas, les fêtes de l'oignon, les buvettes campagnardes, les anniversaires d'architectes, les afters d'émissions télé, les festins d'intronisation, les déjeuners au ministère, les casse-croûte dans les routiers et les pince-fesses de la haute société. C'est ce Yo-Yo de faveur qui a conforté mon humanisme. Même si je préfère largement les soirées Rillettes aux soirées Riviera, et la compagnie des simples à celle des compliqués, aussi stars soient-ils.

Alors bien sûr, puisque le « Teigneux » veut du « people », je ne vais pas te la jouer provincial enraciné blasé que toute gloire indiffère. J'ai gardé par bonheur ma faculté d'émerveillement intacte. Et au pays des stars, crois-moi, je n'ai jamais gâché mon plaisir. Je n'ai jamais péché par faux dédain. Tu sais, comme ceux qui balayent l'icône d'un revers de main en lançant, fielleux :

— Je m'en fous que ce soit Untel. Y m'impressionne pas. Pour qui y s'prend ?

Il se prend pour lui, et moi il m'impressionne. Toujours.

Les sourires d'Ursula, Sofia, Adriana, Ornella. Les extravagances de Gainsbourg, Léotard, Coluche, Belmondo. La bonhomie accueillante de Serrault, Noiret, Rochefort. L'aura légendaire de Zinedine, Ayrton, Yannick. Et tant d'autres. Polanski, Ventura, Brassens, Balavoine, Delon, Rostropovitch… Etc. Etc. Je les ai fréquentés de près ou de loin. Parfois de très près, parfois de plus loin. Et chaque fois, j'ai eu le petit pincement au cœur. Un mélange de bonheur et de fierté.

J'ai un *Who's Who* incrusté dans la paume de la main. Parfois dans le cœur, et même dans mon lit. Ça, c'est une vraie Joie. Elle m'a guéri de ma bâtardise. De notre solitude à deux, Maman et moi. Parce qu'on n'imaginait même pas le millième de ça. Chaque fois que j'en croise un et qu'il me regarde à hauteur d'homme, je suis fier pour Elle autant que pour moi. Même si parfois il m'arrive de me réveiller incrédule, en me disant que j'ai dû rêver, ou que je rêve encore.

Bien sûr, ces privilèges, je ne peux pas te les faire partager ou te demander de les adapter à ta vie. Ils sont inhérents à ma propre célébrité. Profites-en quand même pour t'appliquer du mieux que tu peux à conserver aussi, quoi qu'il se passe dans ta vie, la faculté d'émerveillement. Elle est plus que nécessaire. Elle est primordiale. Quand on la perd, on cesse d'être un enfant.

Et pour conserver la Joie, il ne faut jamais arrêter de ne pas grandir.

— Bon, t'es content, le « Teigneux », tu les as eus, tes « people » ?

— Ben, pas vraiment. T'as pas parlé de Steevy, de Loana, de Marie, d'Adèle. C'est un oubli, je pense. Parce que, moi, c'est ça qui m'intéresse. Ton Michel Polanski, et ton Rostopopketsarevitch, je m'en branle. Ce qui me fait kiffer, c'est les vraies stars. Celles de *Secret Story*, *Les Anges de la téléréalité* et tout ça.

— De quoi on parle, là ? D'êtres humains ou de baudruches ? Désolé, mon gars, mais mon indulgence humaniste ne va pas jusqu'à l'adoubement de la connerie starisée. Je ne supporte pas ces icônes en papier journal qui se vautrent dans l'indignité et la bêtise arrogante. Leur exemplarité est une catastrophe sociologique. Une insulte à tous ceux qui sont morts pour un monde plus libre et plus beau. Ils n'ont qu'une excuse : leur public. Et ça ne m'étonne pas que tu en fasses partie.

Allez, j'arrête ! Je sens que je vais m'énerver.

Je préfère revenir à Monaco. Ou à Deauville. Ou à Enghien. Enfin partout où on entend le cliquetis du cylindre et des voix qui ne te mentent jamais quand elles annoncent : « Rien ne va plus ! »

Ah, le casino !

Adolescent, si tu m'avais demandé de matérialiser la Joie rêvée, je t'aurais peint Gabin sortant du municipal à quatre heures du matin. L'écharpe blanche sur le smoking de soirée. Une divine en robe moulante décolletée à son bras, balançant ses talons dans une main, et une bouteille de Dom Pérignon dans l'autre. J'ai même le texte :

— Madame, quand je vous ai demandé votre âge, vous m'avez dit vingt-huit. J'ai tout misé dessus et c'est le trente-deux qui est sorti. Je ne vous blâme pas, mais j'me flagelle. J'avais oublié que la coquetterie est économiquement suicidaire. Désolé, mais nous allons briser là.

— Quel dommage !

— Je sais, marquise. Mais le flambeur est superstitieux. Même si le plumage est magnifique, il ne supporte pas les oiseaux de malheur. Alors, je vais aller dans la suite 234 de l'Hôtel de Paris. Avec un peu de chance, je vais pouvoir rattraper le débit de la nuit. L'inconscience de mon ami Marcopoulos, armateur de renom, mais piètre joueur de poker, devrait me renflouer. Il a le prestige des seigneurs des derricks et la suffisance des paons. On lui renifle le brelan d'as à huit mètres. Mais comme personne n'est à l'abri d'un acharnement de la malchance, au pire, je finirai au 421.

— Vous ?

— Oui, moi. Mais ne me dévaluez surtout pas du regard. Il ne s'agit pas de me vautrer par dépit dans une amusette d'ouvrier. Un descendant du maréchal de Poligny ne peut pas s'abaisser à des facéties de bistrot. Quand je disais 421, c'était pas le jeu de dés, c'est le numéro de ma chambre où je vous rejoindrai sans faute, banqueroute ou pas. Vous pouvez somnoler en m'attendant, la literie est confortable.

C'était ça, ma vision du luxe absolu. Mes imitations de Bourvil et mes chansons de camping m'ont offert les moyens de mon rêve : m'asseoir à la grande table du casino pour y faire Gabin en vrai. Joli banco, non ? Mais encore une fois, jusqu'à ce que les inconvénients dépassent le plaisir.

À ce jeu-là, il y a trois règles essentielles.

1) Si on veut gagner de l'argent au casino, il faut en acheter un.

2) On ne vient pas se remplir les poches, on vient acheter de l'adrénaline.

3) Il faut savoir s'arrêter… À un kilomètre de l'entrée.

Et c'est bon pour tous les joueurs. Grands ou petits. Sur la longueur, on ne peut pas gagner. Parce que tout ça est diablement pervers. Et surtout la roulette, le jeu roi, mon préféré. C'est un croupier qui m'en a révélé la malédiction un soir de perte.

— C'est diabolique, ai-je éructé, après que la boule ait fui pour la vingtième fois le secteur où j'amassais mes jetons.

— Bien plus que vous croyez, m'a lancé le jardinier de mes thunes.

Ce croupier, après avoir ramassé mes mises d'un seul coup de râteau, m'a confié que c'était Blaise Pascal qui avait inventé la roulette. Il a ajouté que Lucifer avait dû lui en souffler le principe. Comme je m'étonnais qu'il mêle le satanique aux caprices du cylindre, il m'a fait une démonstration mathématique étonnante :

— Les chiffres du diable sont 666. Regardez la première rangée du tapis de mise : 1, 2, 3… 1 plus 2 plus 3 égale 6. Passez à la deuxième : 4 plus 5 plus 6 égale 15. Si vous ajoutez le 1 et le 5 qui forment le nombre 15, ça fait encore 6. Et ainsi de suite. Toutes les additions font 6, et surtout la somme des numéros de 1 à 36, ça fait 666. Ne vous étonnez pas que ce soit diabolique !

Malgré ça, j'ai passé des nuits de Joie formidables autour des tapis verts. Sans aucun scrupule. L'argent doit être gagné au travail et dépensé comme on veut. Entre les pertes et les gains, j'en ai eu pour mon adrénaline. L'ambiance était conviviale et élégante. Les salles de jeux traditionnels étaient un des rares endroits où on s'occupait vraiment de vous. Et, en prime, les soirs de chance, il y avait cette jouissance surréaliste de quitter une table les poches pleines, avec la complaisance du directeur qui vous lançait en souriant un peu jaune, mais en souriant quand même :

— Revenez quand vous voulez !

Un hold-up avec les félicitations du banquier. Magnifique !

Et puis, au fil des années, j'ai vu ces havres de plaisir se désenchanter. Pour cause de rendement, encore et toujours, comme partout. Il fallait faire rentrer du monde. Alors, la veste obligatoire a disparu, et, avec elle, cette sensation d'être encore dans un monde élégant et privilégié. Les machines à sous et leur ramdam de ferraille ont envahi les halls. Beaucoup de croupiers affables ont été licenciés ou recyclés. Et ceux qui sont restés se sont mis au diapason de cette révolution triste. Gestes d'automates, gueule morne et mutisme de circonstance. Alors, au-delà de la déception de quelques pertes récurrentes, je me suis désintoxiqué tout seul de ce vice si agréable pour cause d'ennui. Et même si l'interdiction de la cigarette n'avait pas planté des sas d'asphyxie dans les recoins, je serais parti fumer ailleurs.

Parce que les inconvénients avaient dépassé le plaisir.

Il existe quand même encore quelques îlots où on retrouve un semblant d'avant. De vieux casinos pas complètement modernisés où je m'arrête parfois, pour un ersatz d'ivresse. Comme je bois un verre de vin seulement après mon renoncement à l'excès. Mais le cœur n'y est plus vraiment. J'y croise des anxieux qui errent de table de poker en bandit manchot. Ils sont venus tenter de s'enrichir seulement. Dans ce monde aux aguets où la fortune rapide est devenue un aimant à imbéciles, qui peut leur en vouloir ?

Ils rêvent d'être Bill Gates.

Moi, je voulais seulement devenir Gabin.

Alors, tiens, à lui la conclusion :

— C'est à regret que je quitte le navire. La traversée a été belle, merci. Mais c'était ma dernière. Qu'on veuille démocratiser la marine, je l'admets. Mais que les matelots s'assoient en Pataugas et pull rayé à la table du commandant, non merci. Je précise que je n'ai rien contre le petit peuple, j'en viens. Mais quand il y a écrit « croisière » sur le dépliant, c'est pas pour canoter en ferry-boat. On a remplacé les violons tsiganes par un énervé qui fait grincer des disques du bout des doigts. Soit. Mais les cabines sans hublots pour faire des économies de Plexiglas, et les transats en kit à monter soi-même, j'peux pas m'y faire ! Monsieur le directeur du casino, excusez ces métaphores maritimes, mais le vieux loup de tables que je suis n'a trouvé que ça pour exprimer son affliction de voir la roulette perdre ses hélices, et les machines à sous envahir les soutes. Vous ne me verrez plus à bord que de temps en temps pour le plaisir du roulis et c'est mieux pour mon portefeuille financier. Je vais investir désormais dans le foulard Hermès et le coffret Hello Kitty. Comme on dit quand le bateau coule : ma femme et mes enfants d'abord !

Je suis repassé par Gabin avant de finir le chapitre, histoire de lui rendre un hommage sincère avant de l'égratigner un peu. Oh, juste un peu, tant j'ai pour lui une admiration sincère. Mais ce que je vais te raconter, même si je pense que ce monstre sacré n'était pas conscient des conséquences de son attitude, te prouvera qu'il faut être attentif à ne jamais négliger ceux qui t'aiment.

Je tiens cette histoire de Claude Gensac, la « biche » de Louis de Funès. C'était après l'enregistrement de l'émission *De l'autre côté du miroir* où, grimé en Fufu, je la mettais face à face avec son passé et ses bonheurs. Elle en avait pleuré d'émotion.

Dans les coulisses, on avait continué à parler de Louis, mon idole absolue. Je garde toujours sur moi une photo sur laquelle il sourit à mes côtés dans ma loge, le jour où il m'avait fait l'honneur de venir m'applaudir à l'Olympia. Mon plus grand trac de scène. Et un de mes secrets les plus précieux, quand après, en tête à tête, il m'avait tout expliqué des méandres de ce métier. J'ai donc montré à Claude la photo souvenir de ce moment magique, et on a disserté sur le génie du comédien et la pudeur de l'homme.

J'ai demandé :

— Toutes ces gesticulations, ça devait l'épuiser ?

— Oh oui, surtout quand il jouait *Oscar* au théâtre.

— Ça a dû être pour beaucoup dans ses problèmes cardiaques ?

La réponse m'a stupéfié.

— Pas seulement… C'est Gabin qui l'a tué.

J'ai ouvert de grands yeux et j'ai balbutié :

— Pardon ?

— Oui, a-t-elle repris, sûre d'elle, le regard dur. Louis admirait Gabin. Quand ils ont fait *Le Tatoué*, c'était un honneur pour lui de partager l'affiche. Mais Gabin l'a méprisé pendant tout le tournage. Quand il le voyait arriver, il disait : « Tiens, v'là le comique ! » Louis m'a confié qu'il en avait affreusement souffert. J'ai exagéré bien sûr en disant qu'il l'avait tué. Mais son détachement l'a miné à un point inimaginable.

Je ne t'ai pas raconté ça pour mettre une ombre sur Gabin. D'abord parce qu'il ne s'agit que de propos rapportés et qu'on n'est jamais sûr de rien. C'était pour amorcer le chapitre suivant où je te parlerai de la solitude du comique de fond. Et du choix qu'il doit faire entre son sacerdoce et la considération.

Et puis, je voulais aussi te démontrer qu'il faut éviter d'attrister inutilement. Tu sais, avec ces petites phrases innocentes qui, l'air de rien, rabaissent ton conjoint, tes enfants, tes amis. Même si on les pense, ça ne sert à rien de les dire.

La Joie, c'est aussi la bienveillance.

Gabin n'était pas méchant, et de Funès n'était pas qu'un comique. Un sourire de l'un n'aurait peut-être pas guéri l'autre. Mais il aurait peut-être retardé l'échéance.

Va savoir !

La célébrité ne dispense de rien.

Surtout pas de tout faire pour aider son prochain.

L'anonymat non plus.

… Et Norbert a appelé une ambulance.

2 JANVIER 2012 (22 heures pile)

Ça y est, on a balancé 2011 à la poubelle pour s'acheter trois cent soixante-six jours tout neufs ! 2012 est bissextile. Enfin, je compte trois cent soixante-cinq jours quand même, parce que le premier, je l'ai passé, comme l'année dernière, à envoyer tous les « Bonne Année » de circonstance. En sachant très bien que ça ne sert strictement à rien. Ceux qui, le 1er janvier dernier, ont souhaité « Happy New Year » à Ben Laden et Kadhafi le savent mieux que moi.

Quant à Strauss-Kahn, j'en connais un paquet qui doivent regretter leur SMS de vœux. Et je me réjouis de savoir que la plupart d'entre eux vont récidiver cette année sans scrupule. Ils ont raison. Si on relativise, ça ne peut être que mieux. Je parle de ça, juste histoire d'amorcer le chapitre à l'ironie. Rassure-toi, je ne vais pas m'attarder. On frôle déjà l'overdose.

Comme tu t'en es forcément aperçu, la presse s'est déchaînée comme jamais. Ce malheureux DSK a collectionné les unes pour avoir eu la faiblesse de collectionner les autres. Ce sont d'ailleurs les mêmes qui idolâtraient l'alpiniste de femmes de ménage avant qu'il ne dévisse, qui aujourd'hui l'ensevelissent sous une avalanche de critiques. À l'inverse de leur versatilité démagogique, inhérente à leur fonction de girouette professionnelle, je ne hurlerai pas avec les loups. J'en rirai, bien entendu puisque c'est mon métier. Mais ayant eu quelques croisements de parcours privé avec le personnage, je me garderai bien d'argumenter sur un collègue de débauche. Je ne suis ni un faux frère ni une balance. Je vais sûrement te décevoir, le « Teigneux », mais je ne développerai pas. Il y a des secrets d'alcôve qui ne doivent jamais sortir des boudoirs. C'est ce qui fait leur saveur. Je ferai juste un dernier commentaire de transition pour arriver à mon pote Norbert, qui doit s'impatienter depuis que je l'ai laissé en rade dans un chapitre de l'année dernière.

Connaissant un peu l'animal, je ne le vois pas forcément en violeur, le Dominique. En coquin, en filou, en brigand du string, certainement. Pour le reste, j'ai un petit doute. Et dans le doute, je m'abstiens. Quoi qu'il en soit, ça ne l'absout en rien de ses comportements de pépère pervers et brutal. Qu'il paye le prix. Mais il y a un fossé entre l'empressement, si appuyé soit-il, et le crime avéré. Et dans cette histoire d'hôtel, ils ne sont que deux à savoir la vérité. N'en déplaise à la meute, je ne suis pas de ceux qui sonnent l'hallali. Je ne sais pas, donc je ne juge pas. Quel rapport avec le sujet de ce livre ? Il est simple. J'en ai tant vu applaudir à la déchéance du « monstre » que ça m'a écœuré. Se réjouir sans discernement du malheur des autres ne guérit de rien. Faites entrer l'accusé, soit ! Et condamnez-le au maximum de ce qu'il mérite. Mais faites sortir les vautours !

— Mais comment a-t-il pu gâcher un avenir si glorieux pour quelques minutes de fornication ? Quel imbécile ! s'indignent les pragmatiques.

Le problème est que tout homme a un sexe et un cerveau, mais que son organisme n'a pas assez de sang pour irriguer les deux en même temps ! Vieille blague de philosophe libertin. Mais quand j'entends les âmes prudes pousser des hauts cris sur l'infidélité chronique de l'accusé de l'année, je me dis que l'hypocrisie a de beaux jours devant elle. Des histoires de tromperie, je t'en déniche cent par jour dans les agglomérations de moins de dix mille habitants. La coucherie illégitime, elle dégouline de tous les robinets de salles de bains d'hôtels discrets. Elle s'inscrit en milliers de SMS effacés à la va-vite. Elle imprime ses soupirs aux cloisons des soupentes autant qu'à celles des hôtels particuliers. Elle s'insinue dans tous les milieux sociaux, au point d'en faire, avec la mort et la maladie, l'accident le plus fréquent et le plus démocratique qui soit.

Alors, arrêtez de nous prendre la tête avec vos histoires de morale !

Ne te méprends surtout pas. Mes propos ne sont pas une caution à tous les Strauss-Kahn de la terre. C'est juste une observation mesurée, parce que la vie m'a appris à me méfier des sentences établies. Et que, comme le dit le proverbe, la paille dans l'œil du voisin ne doit surtout pas occulter la poutre qui est dans le nôtre.

Sur ce, on va parler d'autre chose et tu t'apercevras, pour redevenir léger, que le plus stupide n'est pas de déraper, mais de se faire prendre. Surtout quand on est

VIP. Les gardes du corps, ça devrait être là pour ça, non ? *A fortiori* quand il est de notoriété publique que ce corps-là doit être plus gardé que les autres parce qu'il a des élans que la raison ne connaît pas. Et puis, on est en politique. Cette jungle où il me paraît impensable qu'on ait oublié la loi première : « Dix lions valeureux ne valent pas un singe malin. » Mais tout le monde n'a pas la chance d'avoir un Norbert dans ses relations intimes. Tu vas comprendre.

Ouf, on y arrive, enfin !

Norbert, c'est cent quarante kilos de bonne humeur. Et le cœur avec qui fait la maille. De la Joie pure sur courtes pattes. Presque quinze ans qu'il m'enchante l'espace, le gros de Carcassonne. Mais c'est pas du gros mou. Sous le lard, il y a du vif. Je n'ai jamais rencontré un enrobé qui abattait autant de boulot. Dans sa bodega, je lui ai vu faire des marathons de vingt heures. Aux tables, en cuisine, au gril. Toujours en mouvement sans perdre une seconde le sourire radieux sur la trogne ruisselante. Et en avalant à la volée une choucroute par-ci, dix choux à la crème par-là, et une tête de veau un peu plus loin. Après les choux à la crème, la tête de veau ? Oui, oui ! Plus le rosé en rafale dans des demis cul sec.

Ce type est une insulte à la médecine. Il devrait être hors circuit depuis dix ans. Et il tient. En pleine forme. Si je te dis que c'est dû à la Joie, tu vas me soupçonner d'être de parti pris juste pour cautionner le titre de ce livre. Si c'est pas elle, alors il faut qu'on m'explique à quoi alors. En tout cas, s'il y avait une cérémonie des « Oscars de la Joie » (tiens, c'est une idée, ça !), il en mériterait un d'honneur pour l'ensemble de son œuvre. Et pas seulement pour les calembours, les canulars, les accueils chaleureux, les chambrages et les mots d'auteur. Mais aussi pour les appels de nuit, juste pour savoir si ça va, les générosités pour assister les éclopés, et le respect des valeurs anciennes. Parce que chez cet individu, incongruité anatomique, le cœur pèse le poids de l'homme. Et ça, c'est de plus en plus rare.

Côté « connerie », il pèse le double !

Pour authentifier ses traquenards alambiqués ou ses moqueries bon enfant, il s'est inventé des scénarios et des personnages dignes de l'Actors Studio. Je l'ai vu improviser des délires au téléphone où il tenait en respect au bout du fil de parfaits inconnus pendant des heures. Et nous, en public privilégié, on était obligés de se rire en dedans jusqu'à en pleurer pour ne pas alerter le pigeon par des éclats de groupe. Je l'ai vu simuler des colères homériques pour des prétextes futiles qui terrorisaient sa clientèle et nous découpaient de rire. Je l'ai vu revenir seul, fier comme un paon d'avoir grugé un groupe de touristes crétins, un commerçant acariâtre, un élu local faisandé, en se faisant passer pour fou, demeuré ou analphabète. Sans public. Juste pour se faire rire lui.

Dans le théâtre ampoulé, on appelle ça un « génie des fulgurances ».

Nous, on dit juste : « C'est du Norbert ! »

Et ça suffit à notre bonheur.

Sa photo à mes côtés est en bonne place dans les trésors de « Freude ».

Parmi les mille folies dont il m'a régalé, je t'en ai choisi une, juste pour l'exemple. Un sauvetage de génie. Une facétie lumineuse du temps où il était patron de boîte de nuit. Enfin, de bar musical où quelques échassières agrémentaient la solitude du VRP solitaire ou du notaire en goguette. On ne va pas situer pour ne pas fâcher. Il y a sûrement prescription, mais on ne sait jamais.

Un de ses fidèles clients s'était ouvert à lui de l'intransigeance de son épouse :

— C'est elle qui a l'argent. Si jamais je me fais prendre la main dans la culotte, je suis cuit.

Une nuit, le téléphone a sonné.

— Mon pauvre Norbert, je suis fait comme un rat.

— Qu'est-ce qui t'arrive ?

— Je suis chez ma maîtresse, en ville, au premier. De la fenêtre, je viens d'apercevoir la voiture de ma femme. Elle est collée à la mienne qui est garée devant.

— Et elle est dedans, évidemment ?

— Évidemment… Faut que tu trouves quelque chose, vite. Il n'y a que toi qui peux me sortir de là.

— Donne-moi dix minutes, je te rappelle.

Alors, le grand scénariste du quotidien a malaxé ses méninges. Il connaissait par cœur l'adresse du piège adultère. Aucune issue. Pas d'arrière-cour. Et la fuite par les toits était impossible pour ce brave sexagénaire adipeux qui se serait écrasé au premier pas sur la tuile humide.

Et donc… Norbert a appelé une ambulance.

Et un quart d'heure plus tard, ses potes infirmiers qu'il avait informés du piège ont débarqué sur les lieux du délit. Et ils ont appliqué le scénario du maître à la lettre. Ils sont montés charger l'infidèle sur une civière, la tête recouverte d'un drap. Et ils l'ont évacué au nez et à la barbe de l'épouse, toujours postée en chien d'arrêt au bas de l'immeuble.

Aussitôt rentré chez lui, le miraculé a appelé son sauveur pour lui exprimer chaudement sa reconnaissance.

— T'es un génie. J'aurais jamais pensé à ça. Tu m'as sauvé la vie. Qu'est-ce que je peux faire pour te remercier ?

— Oh rien… Ou peut-être si. Un petit truc juste pour mon plaisir de farceur. Comme la goutte de gnôle dans le café du matin. Écoute-moi : quand ta femme va rentrer, engueule-la.

— Ben pourquoi ?

— Parce que j'ai envie. Engueule-la, j'te dis ! Demande-lui où elle était. Si elle te parle de ta voiture, dis-lui que tu jouais aux cartes dans le bistrot d'à côté, que tu es parti tôt, mais que ta bagnole n'a pas voulu démarrer et que tu es rentré à pied… Et là, tu la pourris ! Mieux, tu la soupçonnes elle d'être allée se faire poinçonner ailleurs.

— C'est trop.

— C'est jamais trop. Et plus c'est trop, plus ça passe !

Tout cela peut te paraître cruel, injuste, et dégoulinant de machisme gras. Mais notre singe malin avait une excuse à l'acharnement. Informé par le tam-tam de province que l'épouse dérapait elle aussi, il ne pouvait quand même pas se contenter de constater le match nul. Il ne pouvait pas non plus révéler à son ami ce qu'il savait de cette fausse bigote qui se la donnait régulièrement avec un parachutiste bodybuildé à la retraite. Ça ne se fait pas. Alors, il avait ajouté sa petite touche personnelle. Comme un peintre signe un tableau.

Et voilà !

C'était du Norbert !

Bon, d'accord, je sais que toutes celles qui me lisent vont m'en vouloir, par solidarité féminine, de porter aux nues ce sauvetage déloyal. Je sais aussi que beaucoup d'entre elles sont déjà en train de feuilleter leur carnet d'adresses pour voir si, éventuellement, il n'y aurait pas quelque part le numéro d'un ami ambulancier. Au cas où. Juste au cas où, bien entendu. Mais est-ce si grave ? Tout ça est aussi vieux que le vaudeville. Courteline et Feydeau n'inventaient rien. Ils étaient peintres de la société réelle. Et nul doute que les portes qui claquent au Sofitel de New York les auraient inspirés.

À ce propos, j'ai demandé à mon Feydeau de Carcassonne, sauveur d'infidèle, ce qu'il aurait fait si DSK l'avait appelé au secours.

— Je lui aurais conseillé de dire la vérité… Enfin, la mienne, m'a-t-il précisé, goguenard.

— Et c'est quoi, ta vérité ?

— Quand la femme de ménage est rentrée, il prenait sa douche. Alors, la bougresse, honnête certes, mais poussée au chapardage par une vie de merde, a commencé à lui faire les poches. Le bruit de l'eau qui ruisselait lui garantissait un espace de temps suffisamment propice. À l'arrêt de ce bruit, elle aurait stoppé la fouille. Malheureusement, le Dominique, douché et en peignoir, a passé la tête par la porte de la salle de bains alors que l'eau coulait encore. Une faiblesse de riches. Tu sais, ceux qui laissent toujours les robinets ouverts et les lampes allumées, parce que le gaspillage, ça ne les concerne pas. La suite coule de source, elle aussi. Il la prend la main dans le sac et se précipite sur le téléphone pour la dénoncer au directeur de l'hôtel. Elle risque de perdre son boulot. Elle le supplie, s'accroche à lui, d'où les traces de griffures. Il ne veut rien entendre. Alors elle lui propose une gâterie en échange de son silence. Après avoir un peu hésité, il accepte, et voilà les traces de sperme justifiées !

— Ça se tient.

— Je veux, oui. Dans ce cas-là, la victime, c'était lui. Moi, à sa place, j'aurais même raconté ça en détail à qui voulait l'entendre, tout de suite après. Ça s'appelle l'« immunité du premier qui porte plainte ». Tous les portiers de discothèque connaissent. J'ai pas fait FMI comme études, j'ai fait night-club. C'est plus utile en cas d'embrouille avec le tout-venant. Comme quoi !

— Comme quoi, comme tu le disais au miraculé, « plus c'est trop, plus ça passe ! ».

— Eh ouais. Je m'étonne d'ailleurs qu'il n'y ait pas pensé. C'est peut-être pour ça que je me dis aussi qu'on n'a rien perdu. Il était pas prêt pour être président, Casanova ! Parce que, dans la catégorie « Plus c'est trop, plus ça passe », on a eu des spécialistes. Vois ton pote Chirac. Un maître. En tout cas, ma version est bien plus crédible que sa défense de nase : « Elle a vu mon sexe et m'a fait comprendre qu'elle en avait envie. » Il a vu jouer ça où, le Rocco bedonnant ? Sur XXL ? Faut qu'il arrête les films de boules, pépère ! Qu'il revienne aux chandeliers de Jean Valjean.

Voilà comment la face de l'histoire aurait pu être changée, si l'excité de la 2806 avait eu le numéro de téléphone de Norbert. Mais allons donc ! Un ponte de l'élite technocratique a une famille de relations aux cerveaux diplômés et à la situation établie. Il ne devient pas copain avec un simple aubergiste des Corbières dont le peintre préféré n'est pas « Picasso », mais « Piquemal père et fils, ravalement et crépis, 17, avenue de la Gare ».

Tout ce que je viens d'écrire là était une aimable plaisanterie bien sûr. Histoire de me défouler parce que le sujet m'amuse. Un petit exercice de style pour le plaisir de la tirade. Norbert n'a pas tout à fait tenu les propos que je lui prête. Mais il aurait pu. Il n'en reste pas moins que, comme je te le disais plus haut : « Dix lions valeureux ne valent pas un singe malin. » Malheureusement, l'orgueil des hommes est tel qu'ils préfèrent être intimes avec des supposés rois de la jungle plutôt qu'avec des faiseurs de grimaces. C'est pour cela que, dans ce livre, tu rencontres plus d'extravagants du petit peuple que de pointures académiques.

Et c'est comme ça qu'on en arrive à la solitude du rigolo de fond que je t'avais promise dans le chapitre précédent. Je te rassure, je ne vais pas t'en parler pour me répandre en pleurnicheries égocentriques. Je veux juste essayer de te faire comprendre qu'il n'est pas toujours facile d'être du parti des drôles. Parce que le reste du monde te regarde d'un œil dédaigneux. Mais je veux aussi t'expliquer pourquoi, ce parti, je n'en changerai pour rien au monde. Principalement pour toutes les raisons que j'ai concentrées dans le titre de ce livre : *Les Joyeux guérissent toujours.*

Le monde scientifique a fini par prendre conscience que le mal-être, la tristesse et le fait de s'habiller de grave est un facteur essentiel dans le déclenchement et l'évolution d'une multitude de maladies organiques. Le stress tue directement ou indirectement des milliers de personnes chaque jour. Le bien-être en sauve autant. Hélas, l'évolution de l'homme a fait de la respectabilité l'étalon-or de notre société. Mais cette respectabilité ne s'obtient qu'en faisant dans le sérieux. Donc, comme je souhaite être arraché à l'affection des miens le plus tard possible, je me suis toujours retrouvé face à deux possibilités : mourir en clone ou vivre en clown. Comme tu l'as compris, j'ai choisi mon camp. Et toi, tu attends quoi ?

Et pourtant, cent fois épuisé par le dédain, je l'ai eue, cette tentation du sérieux. L'envie de balancer mon nez rouge. Et cent fois, j'ai froissé mes plus beaux poèmes d'amour. Il y a cinquante chansons à texte enregistrées qui dorment dans mes tiroirs. Autant de scénarios, de pièces de théâtre engagées ou de concepts d'émissions de télé sans confettis ni serpentins. Mes amis intimes qui connaissent cet autre moi me tannent :

— Qu'est-ce que tu attends ? C'est formidable. Ça va complètement changer ton image.

— Mais je ne veux pas changer d'image.

Même si les couleurs sont flashy et qu'elles débordent sur les côtés. Et si bien souvent elle me pèse, cette caricature de moi est au bout du compte ce qui me va le mieux. Devenir réellement estimable, bien sûr que ça me tente. La preuve, les velléités d'écrivain que tu partages en ce moment. Mais tu as remarqué que je ne me laisse aller au profond et au purement littéraire que par bribes. Il y a toujours une facétie un peu lourde, un lieu commun bien populaire qui traînent après chaque dissertation philosophique de bon aloi. En prévention. Pour éviter de déraper dans le sentencieux, valorisant certes, mais tellement traître.

Les honneurs sont dangereux.

À la petite école déjà, les prix d'excellence étaient les premiers briseurs de convivialité. Et quand on disait : « Il a une tête de premier de la classe », c'était tout sauf un compliment. C'était le début de la suffisance pour l'intéressé et celui de la jalousie pour les moqueurs. La recherche de la considération est une quête trop égoïste. Elle accouche, entre autres, d'hommes politiques pervers, de bourgeoises hautaines, de chirurgiens qui épuisent leur talent dans des greffes spectaculaires et inutiles, de cinéastes chiants, d'anciens sportifs devenus chroniqueurs qui parlent aussi mal qu'ils couraient vite, de chanteurs désespérants, de baiseurs marathoniens qui épuisent leurs conquêtes plus qu'ils ne les régalent, de directeurs de ci, de présidents de ça, et bien entendu, pour en revenir à ma caste, de comiques paranoïaques.

Tous les humoristes rêvent de leur *Tchao Pantin*. Et pourtant c'est à ce moment-là que Coluche était le plus malheureux. Le carrefour de sa vie où quand on le croisait, démonté par la came et le chagrin, il nous balançait :

— M'aide pas, j'y arrive déjà pas tout seul !

Ce Michel-là, c'est l'exemple type du pitre pris au piège de la célébrité respectable. Ça avait commencé avec sa candidature à l'élection présidentielle. Une farce. Et un immense élan de Joie qui submergeait tout. Et puis, il s'est pris au jeu. D'un « Z » à un autre, il était parti Zavatta et il s'est vu Zorro. C'est là que le triste l'a envahi.

Un soir d'après-spectacle au Gymnase, je l'avais ramené chez lui, rue Gazan. Sa maison grouillait comme d'habitude d'une foule d'invités dont il ne connaissait pas tous les prénoms. Et tout ce beau monde se vautrait dans la piscine entre l'open bar et les coupelles de coke remplies à ras bord. Moi, j'étais juste en visite. Je ne faisais pas partie de la bande, par bonheur.

— Ça, c'est un truc que je comprends pas, lui ai-je dit. Moi aussi j'aime la fête. Mais dehors. Ce genre d'intrusion dans mes pantoufles, je pourrais pas. Et puis tous ces mecs, là, qui profitent de ton fric, c'est pas de la générosité, c'est de l'inconscience.

En d'autres temps, quand il était juste clown, il m'aurait éclaté de rire au nez en me disant qu'il fallait que je me déchausse la tête. Qu'on devait toujours zigzaguer entre le non-autorisé et le pas-permis. Que la ligne droite était le pire chemin pour aller de ses rêves au plaisir.

Ce soir-là, il a tiré une énorme taffe de son vingtième pétard de la journée. Et puis, il m'a fait le regard triste du pompiste qui lui a valu le César, et a laissé tomber :

— J'ai pas d'amis, alors j'me les paye !

Terrible et émouvant.

Aujourd'hui, sa mort l'a sanctifié. Entre la reconnaissance cinématographique et les Restos du cœur, il a son nom au panthéon des indispensables de qualité. Moi, je le préfère dans *L'Histoire d'un mec* et le cri du cochon de l'*Inspecteur la Bavure*, quand il tangue sous la statue de Napoléon. Même sans les encensements nobles, il serait quand même tombé de moto. Mais ses dernières années auraient certainement été plus douces.

C'est pour ça que je m'accroche à mon mirliton, mes serviettes qui tournent, mes blagues sous la ceinture et mes acrobates chinois. Dans ce milieu qui me réduit à un brave con inculte, je survis et c'est déjà ça. Ce mépris, je ne l'exagère pas. Fallait voir leur mine incrédule quand j'ai gagné trois fois à *Questions pour un champion* ! Et si je te racontais le détail des articles injurieux, des jugements avilissants dont on m'a inondé depuis le début, on y serait encore à Noël prochain.

Mais quand je sors dans la rue où il y a les vraies gens, il tombe de l'amour à verse. Bien sûr, ce n'est pas :

— Bonjour monsieur, quel honneur de vous croiser !

C'est plutôt :

— Salut, mon pote. Comment y va, le petit bonhomme en mousse ? Qu'est-ce qu'on s'éclate, sur tes chansons à la con !

Si, à ce moment-là, j'ai mal à la tête, je n'ai pas besoin de paracétamol, je te jure que ça passe. Je n'en rajoute pas, c'est vrai. Je pourrais, pour clore ce chapitre, te développer deux ou trois exemples précis de maux en tout genre que le seul fait d'être gai m'a guéri sans ordonnance. Mais je m'aperçois qu'il est très tard et je commence à fatiguer.

En vrai, je te mens un peu. Je pourrais écrire encore plus tard, mais, comme on se dit tout au moment où ça vient, je t'avoue que j'ai une urgence : il faut que je me creuse la tête pour trouver les bons mots, la bonne vanne pour « Sagittaire ». Elle m'a appelé pour me pleurer un gros coup de blues parce que ses cheveux commencent à tomber. Je n'ai pas su quoi dire. Enfin, si. La consolation d'usage. Mais la « connerie » ne m'est pas venue.

Je m'en veux.

Alors, il faut que je cherche. Et il ne faut surtout pas que je me trompe de plaisanterie. Lui dire que le crâne en peau de coude de Barthez ne l'a pas empêché de gagner la Coupe du monde, c'est un peu léger. Et puis elle n'a jamais rien compris au foot. Non, il faut que je trouve mieux. Plus drôle et plus chaud.

Et puis allez, tant que j'y suis, je te dis tout.

À ce moment précis, je n'ai plus du tout envie d'écrire. J'ai envie de chialer. Alors, il faut que je me soigne. Promis, demain, dès que je me lève, je vais sortir de mon antre pour aller faire un tour dans la « rue paracétamol », où il y a des vraies gens qui me sourient.

Et j'irai dans le grenier aussi.

Comme ça, dans le prochain chapitre, je pourrai enfin t'expliquer « Freude ».

Tu vas voir que ça valait le coup d'attendre.

Vraiment.

5 JANVIER 2012 (16 h 23)

T'as vu l'heure au-dessus ? C'est bien la bonne. Mais il fait nuit quand même. Plus noir que ça, c'est pas possible. Les nuages ont mangé les arbres. Les giboulées cinglent les vitres de la baie. Bel arrosage pour le dernier jour de retraite dans mon antre lotois.

Demain, je reprends la route après cet ermitage savoureux de mi-saison. Je « remonte » comme on dit, nous, les provinciaux. Même quand on part du sommet du mont Dore pour atterrir à Paris, à si peu d'altitude. Je vais rejoindre le tourbillon. Les embouteillages, les bureaux, les spots. En laissant derrière moi la paix, les cailloux, le silence… Et « Freude ».

Je t'explique enfin.

Pour bien comprendre, il faut revenir aux années 1970. Quand, pour gagner ma vie, j'avais trouvé un boulot de représentant en encyclopédies. Je battais la ville et la campagne en frappant à l'aveuglette aux portes des maisons. Il fallait tenter de convaincre le client de s'endetter pour une collection de livres épais totalement superflue, mais que mon baratin devait leur rendre indispensable.

Je battais donc la ville, un peu, et beaucoup plus la campagne. Déjà par plaisir. J'ai des souvenirs merveilleux de ces errances professionnelles, où je pouvais à ma guise somnoler sous un pommier ou pêcher à la ligne entre deux ventes plus ou moins forcées. Aujourd'hui, il m'arrive souvent, bloqué dans les bouchons pluvieux du périphérique, de fermer les yeux et de m'envoler là-bas. Chez mes vingt ans. Et Lolo, mon chauffeur copain, acquiesce toujours quand je sors de ma rêverie en soupirant :

— Si j'aurais su, j'aurais pas v'nu !

— T'as raison, ça coince dur jusqu'à Clignancourt.

— Je ne parle pas seulement du périph, Lolo… Pas seulement.

En cet après-midi de fin d'été 1972, je m'étais égaré loin dans un chemin de terre. Je m'apprêtais à faire demi-tour lorsque j'ai entrevu à travers les herbes hautes la silhouette d'un vieux bâtiment. En m'approchant, je me suis aperçu que « bâtiment » était fortement surévalué. C'était une ruine, en un peu mieux. Un homme était assis à l'ombre. Il assemblait des morceaux de bois.

Je n'ai même pas eu le temps de déballer ma camelote. Il m'a fait comprendre en une phrase, agrémentée d'un fort accent allemand, que « za ne l'interrezzait bas, nein ! » C'était un grand sec, au nez cassé, et aux cheveux longs blonds sales. On aurait pu le croire échappé du film *Délivrance*, qui venait tout juste de sortir. Il y avait même un banjo posé sur une chaise en osier. Mon appréhension légitime a vite disparu quand l'homme m'a fait un sourire édenté radieux. Ses yeux dégageaient une paix et une générosité étonnantes.

Il m'a invité à m'asseoir et à me rafraîchir, ce que j'ai accepté avec plaisir tant ce septembre-là était chaud et lourd. Et comme si on se connaissait depuis toujours, sans que je le lui demande, il s'est mis à me raconter ses secrets. Sa révolution de 1968 dans les faubourgs de Munich et ses chemins de liberté qui l'avaient conduit de l'Allemagne à la Toscane, et puis en Ardèche avant de remonter vers chez nous. Il s'était posé là, en squatteur, à trois kilomètres d'un petit village où il n'était pas forcément le bienvenu. Les bonnes âmes l'avaient, bien entendu, balancé au propriétaire de la ruine. Manque de chance pour eux, et bienveillance pour lui, le fermier en question était un vrai brave homme. Anarchiste de conviction et poète d'occasion. Il lui avait donné une permission de séjour illimitée.

— Juste pour les emmerder, ces cons-là ! avait-il dit en guise de paraphe à son contrat oral.

En échange, Helmut, puisqu'il s'appelait ainsi, s'était engagé à lui fabriquer quelques éléments en bois puisqu'il était menuisier de formation et artiste de vocation. Le premier lutrin avait ému le fermier anarchiste et poète aux larmes.

Il l'avait montré comme un trophée au bistrot du village, au point que les moins bornés avaient fini par passer quelques commandes au « Chleuh » comme on le surnommait déjà. Et Helmut vivotait de quelques tiroirs et autres socles pour cornes de chevreuil ou têtes de brochet qui ornaient les cuisines des pêcheurs et des chasseurs locaux.

Il était vraiment étonnant, cet « Helmut ». Attachant, posé, serein. Un détail m'avait frappé. Autant le visage et les cheveux étaient d'une propreté douteuse, autant les doigts étaient impeccables. Les ongles parfaitement taillés. Comme si ses mains étaient un instrument rare. Et quand il m'a fait visiter la remise où il entreposait son travail, j'ai compris que c'était un véritable artiste. Il y avait des sculptures sur bois d'une finesse incroyable.

— Tu en feux une, pour te vaire plaissir ?

— Oh, non, ai-je répondu, gêné.

J'imaginais la somme d'heures de travail que cela représentait. J'aurais eu l'impression de le voler. Et puis, mon regard a été attiré par un grand coffre sur lequel brillaient six lettres en acier rivetées au bois.

— « Freude » ? ai-je dit en souriant. Je croyais que ça s'écrivait Freud sans « e ».

— Ah, mais ce pas être le docteur… C'est choie.

— Choie ?

— Oui, la choie, la ponne humeur en allemand, la choie.

— Ah, la Joie !

— C'est ça… La choie : « Freude. »

Et il précisa :

— C'est un covvre à choie.

— Ah, un coffre à Joie ! ai-je traduit pour moi-même. Et c'est quoi, un coffre à Joie ?

— Che inventé covvre à choie, bour garder zouvenirs de choie. Regarde.

Il a ouvert le coffre et a soulevé un double fond.

— Au fond, tu mets les mauvaises chosses. Les obchets qui te rabbellent le malheur. Un prassard de deuil, un lettre de rubture, une bierre qu'on t'a chetée. Tu refermes, et dessus tu mets les pons soufenirs. La photo de ton enfant, un résultat de gongours que tu as réussi.

J'ai souri, en pensant qu'avec cette chaleur j'aurais bien aimé qu'on me jette une bière. S'agissant de la pierre, en l'occurrence, j'ai repensé à ma bâtardise, et j'ai trouvé l'idée plutôt sympa. Mais je n'ai quand même pas pu m'empêcher de penser qu'il était un peu cintré, le Helmut.

— Tu dois me trouver sinssin, comme vous dites, me lança-t-il comme s'il avait lu dans mes pensées.

— Euh… Comment ?… Ah, oui, zinzin… Euh, non, pas du tout.

Et il ajouta, avec un regard extraordinairement doux :

— La fie, c'est vacile bour bersonne.

— C'est vrai que la vie, c'est pas rigolo tous les jours, ai-je traduit en écho.

— Il la vaut touchours choyeuse. Le covvre à choie, c'est sympole. Tes emmerdements dessous, tes blaisirs dessus.

J'ai constaté, d'abord amusé, qu'il avait dit « emmerdements » sans accent. Ça prouvait bien que depuis qu'il était en France, les locaux avaient dû lui en causer un paquet. Et puis, j'ai regardé un peu mieux ce coffre. En repensant à « Tonton prof » dont les conseils de vie Joyeuse étaient tout frais. Et j'ai commencé à imaginer les mitaines trouées, les sparadraps et le Mercurochrome qui avaient réparé les coups du 14 Juillet dans le double fond. Et par-dessus la mèche de cheveu de Monja, le premier amour, l'acte de naissance de mon petit Sébastien, le certificat du bac réussi.

— C'est vrai que, quand on y réfléchit, ça fait du bien de se dire qu'il faut toujours recouvrir le mauvais par le bon.

— Et quand tu as un goup de plouss, tu oufres le covvre en haut, et tu te soufiens que des pons moments… Allez, emborte-le, che te donne !

Après avoir traduit avec peine « goup de plouss » par « coup de blues », j'ai accepté le cadeau. Une question me brûlait cependant les lèvres :

— Pourquoi il n'y a rien dans ton coffre à Joie ? T'en as jamais eu ?

— Oh oui ! Mais zelui-là, za n'est bas le mien. Zelui-là, z'est bour vaire gateau.

Comme je commençais à parler le « Helmut » couramment, j'ai compris que celui-là était pour en faire cadeau. Et j'ai enchaîné :

— Et il est où, le tien ?

— Fiens, zuis-moi.

Je l'ai suivi dans la maison. Il y avait un autre coffre où on pouvait lire aussi « Freude » en lettres de fer un peu rouillées.

— Tu beux l'oufrir, si tu feux.

J'ai ouvert. Et dedans, il y avait un autre coffre, et dedans un autre encore… Cinq en tout, encastrés comme des poupées russes. Et avant que je pose la question il a dit :

— C'est sympole générossité. Ma choie, c'est donner la choie.

J'ai parfaitement compris le symbole : remplir son coffre à Joie avec celle des autres. C'est-à-dire offrir pour le plaisir d'offrir. Logique. Et tellement raccord avec le personnage et son époque. La mode hippie dans sa plus belle expression. Et je suis reparti chez moi avec le coffre à Joie. « Freude », en allemand. J'ai commencé à y ranger les bons souvenirs en haut et les mauvais dans le double fond.

Et puis, je suis repassé chez Helmut, un mois plus tard. Je voulais lui commander un autre coffre à Joie. Je supposais déjà que la vie m'apporterait plus de peines et de plaisirs qu'une seule boîte pouvait en contenir. Mais il n'était plus là. Le propriétaire m'a dit qu'il était parti, comme ça, sans prévenir et sans laisser d'adresse évidemment. Comme un hippie... Ou comme un fantôme.

Et s'il n'avait existé que pour moi ?

Toujours est-il que ce coffre à Joie est encore dans mon grenier, dans un recoin secret et fermé à clé. Je ne supporte pas qu'un autre que moi fouille dans ma mémoire. Alors, au-delà d'y ranger de temps en temps une coupe de champagne en haut ou un faire-part de décès en bas, quand j'ai un vrai « goup de plouss », je vais farfouiller dans « Freude ».

Juste en haut.

Sans toucher au double fond.

Les cheveux de « Sagittaire » qui tombent comme les feuilles d'un arbre à l'automne et le retour prévu pluvieux sur Paris m'ont poussé à aller faire un tour dans le grenier en début d'après-midi. Ça va me permettre de t'énumérer, pour finir ce chapitre et remplir le suivant, quelques-uns de mes trophées les plus Joyeux. Farfouiller dans ma mémoire à mon insu, il n'en est pas question, comme je te l'ai dit plus haut. Mais y choisir, moi, ce que je veux faire partager, oui, bien sûr.
Et avec plaisir.

Chaque fois que j'ouvre « Freude », je tombe en premier sur la mèche blonde de Monja. Il faut dire que je la remets toujours dessus quand je le referme. Cette Joie-là était tellement imprévisible. Elle marque la fin de certaines illusions d'enfant et le début d'une vie d'adulte vouée au plaisir charnel sans limites. Et je te jure que l'histoire est authentique. Peut-être comprendras-tu mieux, après, certaines particularités de mes comportements amoureux.

Parce que c'est bien d'amour qu'il s'agit. Et pas n'importe lequel : le premier vrai. Pas la perte de ma virginité. Ça, c'était juste avant, et je t'ai déjà raconté dans un livre précédent comment l'instant avait été magique. Là, c'était le premier grand émoi. L'hypnose, et le cœur qui tambourine. Et, contrairement à ce que m'avait enseigné « Tonton vrai », je n'ai utilisé aucune gauloiserie de façade, pas de barrière artificielle. J'avais trop peur de tout briser. Non, seulement du romantisme pur. Et ce romantisme allait bien au-delà de tout ce qu'on peut imaginer d'un adolescent enflammé.

Elle s'appelait Monja. Ou plutôt, je l'appelais Monja, en souvenir du tube de l'époque chanté par un certain Peter Holm. En fait elle s'appelait Danielle.

Mais Monja lui allait si bien.

Ça se passait sur une plage du Sud. Depuis trois semaines, j'avais avancé tous mes pions en prince charmant, pris des précautions de langage, offert des fleurs et des coquillages, lancé avec elle des pétales sur la mer. J'avais même peint nos prénoms sur les plumes d'un oiseau blanc pour qu'il envole notre amour au-dessus des nuages, à l'abri des chasseurs. Et au moment où le soleil se couchait, je lui ai inventé la suite de notre histoire :

— Tu vois là-bas, loin, où le jour s'éteint, c'est là où je t'attendrai toujours. Quand l'astre que tu es aura fini de briller. Je ne veux pas empiéter sur ta vie, t'empêcher de réaliser tes rêves. Je t'aime au-delà de moi. Te posséder serait certainement merveilleux, mais je volerais une part de toi pour un instant seulement. Et je veux qu'on s'appartienne pour toujours. Alors j'attendrai que ton corps ait épuisé tous tes désirs pour enfin l'incruster au mien. Pour habiter bien plus loin que sur ta peau. Dans ton cœur, et pour toujours.

Eh, oui ! L'amour absolu. Du grand, du beau, du vrai romantisme. Le sacrifice à l'autre. Comme dans les sagas sentimentales dont on faisait à l'époque les livres inoubliables et les films en Technicolor.

Elle a balancé ses longs cheveux blonds en arrière. Puis elle m'a fixé longuement. Son regard était tendre et brûlant à la fois. Je la sentais bouleversée, tremblante. Peut-être contrariée. Elle a entrouvert les lèvres et murmuré dans un souffle :

— Tu préfères pas que je te suce, plutôt ?

Et moi, une fois les quelques secondes de surprise et l'atterrissage brutal passés, j'ai accepté la proposition. Pas vraiment à contrecœur, mais un peu frustré quand même. L'arrière-pensée de ma grande tirade était d'arriver au même résultat, mais plus tard. En fait, j'avais prévu que, bouleversée par cette déclaration, elle ne m'en aimerait que plus. Et je l'imaginais me suppliant de ne pas attendre. Me jurant que son vrai désir, c'était moi et seulement moi. Et que cet amour lui suffisait pour la vie. Et qu'elle pouvait se donner à moi tout de suite puisqu'elle n'en imaginait pas d'autres.

Mais donc, fellation précipitée oblige, le superbe amour a dégringolé des hautes sphères pour une idylle beaucoup plus terre à terre. Et bien agréable d'ailleurs quoique purement orgasmique. Mais l'incident m'a quand même marqué au fer rouge pour longtemps. Non que je n'aie plus jamais usé de ce romantisme-là, mais, comme disent les antialcooliques, à partir de ce jour-là, avec modération.

Ce soir de plage et de fantaisie buccale inattendue, j'ai coupé avec mon couteau suisse une toute petite mèche de ses cheveux. En souvenir Joyeux. Je ne savais pas encore qu'elle finirait un jour chez « Freude ». D'ailleurs, son homophone (je parle de Sigmund) pourrait trouver dans ce romantisme contrarié et cette gâterie exécutée avec brio beaucoup d'explications à mes débordements d'après.

Ce brusque passage de l'éthéré à la réalité m'a d'ailleurs bien servi pour ne jamais m'offenser quand, plus tard, j'en ai connu quelques-unes qui ne jouaient pas tout à fait dans la même catégorie, mais presque. Je veux parler de celles (il y en a quand même eu une bonne dizaine) qui refusaient mes avances au prétexte que j'étais célèbre, et qu'elles n'étaient pas du genre à coucher avec un artiste pour son affiche. Ah ça non ! Au bout de longues heures de lutte acharnée, j'arrivais à les convaincre. Et une fois l'acte consommé, elles se lovaient assouvies et rieuses en me demandant dans le creux de l'oreille :

— Tu veux pas m'imiter Bourvil ?

Je suppose que Cabrel a connu le même désarroi avec :

— Chante-moi *L'Encre de tes yeux* !

Et Schumacher, certainement aussi, avec le plus sournois :

— On rentre, mais c'est toi qui conduis !

Je vais clore ici cette digression sur ces femmes légères et surprenantes avant que les féministes me tombent dessus. Ne hurlez pas, mesdames ! Celles que je viens de citer sont des exceptions. Une sur un million peut-être. Les autres ne sont que droiture, élégance et dévotion. Des brebis sans taches dans un monde d'hommes loups, infidèles, lâches et pervers.

Ce qu'il faut pas faire pour avoir une bonne critique dans *ELLE* et *Marie Claire* !

J'ai donc fouillé dans « Freude » une bonne partie de l'après-midi. J'ai guéri mon envie de chialer et retrouvé le sourire. Alors, pour le conserver, je vais te raconter quelques-uns de mes trésors de Joie. Cependant, pour ne pas te laisser imaginer, vu l'épisode de la mèche, que mes beaux souvenirs ne sont que d'une « Joyeuseté » grivoise, je vais t'en choisir deux ou trois sans l'ombre d'une allusion égrillarde.

Je te les détaillerai dans le prochain chapitre.

Quand je serai à Paris, dans mon bureau.

La mèche de Monja va me faire le voyage.

La lettre de Lino et la salopette de Coluche me feront le week-end.

Sans oublier l'autographe de Lau…

… Ah, mais non, si je te le dis, je te raconte la chute.

6 JANVIER 2012 (20 h 12, justement)

J'ai beau scruter à travers la vitre, pas un lapin, pas un oiseau, même pas une étoile. Les immeubles de l'arrière-cour montent si haut que je ne peux apercevoir le moindre bout de ciel. Même si je n'étais pas avenue de Lisbonne, je serais plein de fado. Tu sais, ce blues portugais si bouleversant. Surtout quand il est pleuré par Amália Rodrigues.

Je suis donc rentré à Paris ce soir, le cœur un peu froissé, comme chaque fois. C'est sûr que d'aucuns seraient très heureux de trôner dans mon bureau spacieux. Il y a tout ce qui faut : les lumières sophistiquées, le large canapé et les fauteuils cuir assortis, les estampes modernes au mur. Tout. Pile dans mon époque. Mais qu'est-ce que tu veux ? J'en suis resté à l'âge de pierre et de broussailles. Putain, comme ils me manquent déjà, mes rochers moussus !

— C'est rien, ça va passer, me console Maman.

Tiens, c'est elle qui m'appelle en arrivant, maintenant !

— À propos, merci pour le chevreuil, lui dis-je, reconnaissant.

— C'est vrai qu'on l'a raté de peu. Heureusement qu'on arrivait au péage et que tu roulais moins vite.

— Si je m'étais scratché, ça aurait vraiment été une mort stupide !

— La boucle aurait été bouclée.

— Comment ça ?

— Toute une vie de gibier : né à cause d'un lapin, mort à cause d'un chevreuil. Et dans l'espace, le vilain petit canard qui a passé son temps à courir les pintades !

— Je vois que tu as l'humeur à la plaisanterie.

— Je console, mon petit, je console. Chaque fois que tu arrives en haut, tu as le moral en bas. Et inversement. Yo-Yo, c'est pas une vie ! Il faudra bien qu'un jour tu finisses par choisir.

— Il faudra, oui.

— N'attends pas trop. Une fois qu'on a passé le tunnel, on n'a plus besoin des phares, et pourtant la plupart des gens oublient de les éteindre.

— Ça veut dire ?

— Avec tout ce que tu as réussi, la sagesse qui a fini par venir, et l'amour de ta princesse Lily, le temps qu'il te reste, c'est du soleil. Elles sont vraiment utiles, toutes ces lumières artificielles ?

— Je vais y réfléchir, Maman… Je vais y réfléchir.

En attendant, après cet entracte au cœur de ma terre mère, il va falloir que je me « recivilise ». Que je m'immerge à nouveau dans le vacarme, la course contre le temps, le trafic des scooters et le regard mort des passants qui te croisent sans te voir. Que je me réhabitue au dialecte local : « Merde, le périph est blindé ! », ou bien : « Avance, connard ! » Ou encore à la tirade grandiose du rendez-vous professionnel avec une responsable cathodique qui a fait des pieds, des mains, et surtout de la langue pour bosser à la télé, à partir du jour où on n'a plus voulu d'elle à la section événementiel pré-électoral des jeunes UMP.

— Excuse-moi, chou, j'ai stretching à treize heures. On aura juste dix minutes pour se faire un wok. Je te rappelle… À plus !

Tout ce qui m'horripile !

Et pour que tu comprennes pourquoi, je dissèque.

D'abord, je n'aime pas qu'on m'appelle « chou », je suis ni un légume ni une pâte à crème. En plus, cette arriviste de première classe peut faire des années de stretching et bouffer japonais, ça ne lui affinera rien du tout, tant qu'elle continuera de se gaver de loukoums pour déculpabiliser d'être payée pour son incompétence, comme le lui a conseillé son psy à trois cents euros la consultation. Et au black, évidemment ! Quant à « À plus ! », qu'est-ce qu'ils ont tous à me donner leur groupe sanguin en guise d'au revoir ?

Tu comprends qu'elle me manque, l'omelette aux cèpes de l'après-midi, comme ça, à l'improvisade. Sur un coin de nappe à carreaux, en tapant la conversation avec une marchande de cabécous, grasse mais assumée, dont le seul souci métaphysique est de savoir si Dieu s'occupe aussi de la laine des moutons. Parce que si c'est le cas, ça pousse de plus en plus fin. Si ce n'est qu'une question de dévotion, elle est prête à investir dans le cierge à la Vierge noire de Rocamadour.

Allez, j'arrête, je me fais du mal !

Donc, je t'avais promis quelques trésors de « Freude » à la fin du chapitre précédent. Ils arrivent. Une petite parenthèse, avant, pour t'encourager à te fabriquer toi aussi ton coffre à Joie. Tu dois bien te douter que si je t'en ai parlé, c'est pour t'en donner l'idée. Dans ce livre, tout ce qui est perso est cadeau. Ce qui m'a fait du bien peut t'en faire tout autant. Je te l'ai expliqué au début mais une piqûre de rappel n'est jamais inutile. N'oublie pas que tu lis une ordonnance. Et elle est d'autant plus précise que je t'y détaille les effets secondaires. Ne crains rien. Ils sont tous bénéfiques.

Ainsi, je t'encourage à enfouir à ton tour dans le double fond de ton « Freude » à toi tes objets de malheur : un avis d'obsèques, un morceau de plâtre de jambe cassée, un avertissement avant saisie, une alliance, que sais-je ? Et par-dessus tu empileras une mèche de cheveux, une photo de Noël, un doudou, une alliance aussi, et autres symboles de bonheur. Et tu auras toujours un trésor de secours pour les jours de dèche morale. Tu pourras faire comme moi : sortir un souvenir, bien le regarder, le sentir au besoin, et fermer les yeux pour te laisser glisser en bateau à mémoire au fil du gai.

Le premier objet que j'ai choisi hier m'a fait accoster à Saint-Cloud. C'est de là qu'était partie la lettre que je tenais entre mes doigts. L'écriture racée sur papier bleu m'invitait à dîner. C'était signé : Lino Ventura. Une immense Joie ? Plus encore.

Ah, non, pas le « Teigneux » !

— Te fâche pas, c'est pas pour critiquer, c'est pour demander. C'est qui, ton Lino machin ?

— Un immense acteur et un homme d'une rare droiture.

— Un acteur ? Mais du temps du muet alors, parce que moi, les acteurs je les connais, je rate pas une série. Il a joué dans quoi ? *Les Experts*, *Desperate Housewives*, *Sex and the City* ?

— Non, un acteur de cinéma. Il a joué dans *Le Clan des Siciliens*, *Garde à vue*, *Les Tontons flingueurs*.

— Ah, d'accord, les trucs qu'on rediffuse pour choper les vieux à l'Audimat les soirs où y a que de la daube. Désolé, c'est pas ma came.

— Je comprends… C'est tout ?

— Oui… Ah, encore un truc, ton Lino Vendetta, il est parent avec Mickael Vendetta ?

— Écoute… L'homme de la Pampa a du savoir-vivre, mais là, Patricia, tu commences à me les briser menu !

— Quoi ?

— Laisse tomber, c'est du privé… Pour la mémoire.

Ah, être invité à la table de Fernand Naudin, le gugusse de Montauban, l'ennemi juré des Volfoni ! J'en frissonnais de plaisir. Je me suis relu la lettre au moins trois fois, plus deux fois à Maman. Lino pour nous, c'était comme Gabin. De la légende. De l'homme en vrai. Une pointure. Un seigneur. Alors, moi, le petit Boutot de Juillac, invité en privé à la table de l'immense, ça méritait un égoïsme inébranlable.

— Je viens avec toi, bien sûr, m'a dit ma compagne de l'époque.

— Bien sûr que non, ai-je répondu, intraitable.

Et j'ai coupé court à toute argumentation en disant :

— C'est à moi, ça… Juste à moi.

Cette muflerie de circonstance devait être prémonitoire. La suite de mes rapports avec cette femme-là m'a enlevé tout scrupule. On ne peut pas mélanger à ce point-là les intègres et les sournois. Je ne le savais pas encore, mais elle ne méritait pas Lino. Une star de la chanson, un très grand politique, à la rigueur (d'ailleurs, c'est arrivé), mais pas Lino. Ah, non ! Le partage de la Joie, c'est comme le « rire de tout ». D'accord, mais pas avec n'importe qui.

Et j'en parle en connaissance de cause. Il m'est arrivé de me séparer d'une de mes autres compagnes juste parce qu'elle n'aimait pas la Joie de la grande table. Une danseuse canon doublée d'une tigresse au lit, c'est plutôt cadeau, non ? Seulement voilà, devant les coquilles Saint-Jacques du Negresco de Jacques Maximin, elle boudait. Déguster un gigot divin arrosé de haut-brion 1964 en face d'une chipoteuse qui ne tolérait que la salade tomate-pamplemousse et le Coca glace, ça a été rédhibitoire. Ne pas pouvoir partager ce plaisir-là fait perdre toute saveur aux autres. Les érotomanes vont me haïr. Les vrais gastronomes me comprendront. Et Nana me dira encore une fois :

— Heureusement que je suis arrivée !

— Oh oui… Mais hélas, trop tard pour le dîner chez Lino.

— Tu m'aurais emmenée ?

— Toi, oui.

Et c'est donc seul que j'ai sonné, tout tremblant d'émotion, à la porte du pavillon des Ventura. Et j'ai passé une soirée inoubliable. Je me demande même si, en cas d'Alzheimer, elle ne restera pas gravée quand même. Je m'étais préparé à une employée de maison tournoyant discrètement autour de la table pour nous servir de la cuisine racée. Et j'ai eu droit à un Lino en tablier de cuisine nous déposant lui-même les divines pâtes qu'il avait préparées avec dévotion. Je m'attendais à tout sauf à ça : « le Gorille aux fourneaux ».

Et de l'assiette à la conversation, il n'y eut pas une seule faute de goût. Aucune ostentation, pas l'ombre d'un mot maladroit pour me ramener à ma condition de fantaisiste léger en visite chez un prince. L'après, au salon, a été tout aussi merveilleux. La dent étincelante sous le sourire en coin, il m'a parlé du catch, de Gabin, de son Italie et de décence. Le pourquoi de son refus du baiser de cinéma et des scènes déshabillées.

— La pudeur, c'est la plus nue des politesses.

Et puis de Brel, son compagnon dans *L'Emmerdeur*. Un prince aussi, qui, lorsqu'il avait fui le show et surtout le biz, dégoûté entre autres par les marchands qui fabriquaient des tubes comme on fait les macaronis, lui avait dit :

— Ils vont finir par faire des chansons pour chiens !

J'ai quitté l'endroit repu. Sur un nuage. Il m'a accompagné à la porte, et après m'avoir donné une longue poignée de main d'homme m'a dit :

— Merci d'être venu.

Comme si le Père Noël te laissait un mot près de la cheminée : « Ravi que vous m'ayez choisi pour combler vos enfants. »

Dans un dernier sourire, il m'a remis mon certificat d'homme intègre en une phrase :

— Je n'oublierai pas ce que tu as fait.

— C'était la moindre des choses.

— Oh non, pas la moindre. La générosité ne fait pas de tapage, et le tapage n'est jamais généreux.

Ce que j'avais fait ?

Bien peu et beaucoup à la fois. Sa femme, Odette, m'avait sollicité un mois plus tôt pour faire un spectacle au profit de son association Perce-Neige. On aurait fait un gros affichage médiatique : « Patrick Sébastien pour Perce-Neige. » Ma popularité de l'époque aurait rempli largement une grande salle et les bénéfices seraient allés directement aux enfants malades.

Seulement voilà, autant ce genre de prestation me convient, autant j'ai du mal avec l'étalage. Je me suis longuement étendu dans mes livres précédents sur mon dégoût de ces stars qui font de l'engagement humanitaire leur vitrine de luxe. La misère du monde en tête de gondole, et voyez caisse ? Non, merci !

J'ai répondu à Odette :

— Je suis flatté que vous ayez pensé à moi. Mais je ne suis pas fan du déballage. Alors, j'ai une autre idée. L'essentiel est qu'à la sortie vous ayez de l'argent pour vos petits, non ?

— Bien sûr.

— Alors voilà. En ce moment, je passe à l'Olympia et c'est bourré à craquer. Je vous donne toute la recette de ce soir et on n'en parle plus.

C'est ce vrai désintéressement qui a touché Lino. Je ne t'ai pas raconté ça pour glisser à mon tour, par l'aveu public de ce geste, dans la catégorie « Stars du show-biz qui ont bien du cœur quand même » ! Je voulais juste te démontrer que la Joie est épidémique. Elle galope dès qu'on la sème. J'ai laissé parler mon cœur et Lino m'a ouvert le sien. Ce n'était pas le but, mais le fait est là.

Il m'est arrivé que ce bonheur d'offrir génétique ne s'agrémente d'aucun retour. Je n'en ai jamais eu la moindre aigreur. Tu sais, comme tous ces généreux de façade qui pestent :

— Avec ce que j'ai fait pour lui, il pourrait au moins me dire merci !

Si je devais me morfondre de l'indifférence ingrate de tous les artistes à qui j'ai mis le pied à l'étrier, et qui aujourd'hui me snobent allègrement, je n'en dormirais plus.

Et je dors bien, merci !

C'est peut-être pour ça, d'ailleurs. Parce que le cadeau désintéressé est un tranquillisant merveilleux. Il ne coûte que l'idée qu'on se fait de la vie. Pour certains, c'est une vente aux enchères, pour moi, c'est un vide-greniers à zéro euro l'article. Je te parlais de la salopette de Coluche à la fin du chapitre précédent. Elle est l'illustration parfaite de ce que je viens de tenter de te démontrer.

Daniel Derichebourg est un industriel qui fait partie des plus grandes fortunes françaises. Par un jeu de rachat de sociétés, il est devenu un jour propriétaire du club de rugby de Brive. Presque à son insu. Le jouet était dans la corbeille, il fallait bien en faire quelque chose. Depuis que j'en étais parti après la coupe d'Europe, pour incompatibilité d'humeur avec la félonie locale, le club allait mal.

Daniel ne connaissait pas grand-chose au rugby, mais avait ce septième sens qui, après le sixième des affaires, sait classer un homme. Il m'a demandé de revenir pour suppléer les dirigeants de l'époque et tenter de redonner au club une image digne de l'énorme apport d'argent qu'il y investissait. Ce n'était pas très dur de sortir du lot. Ce club avait toujours été ma passion. Et uniquement ça. C'est d'ailleurs à force de m'épuiser à lutter contre ceux qui se servaient de lui au lieu de le servir que j'avais jeté l'éponge.

— Tu sais, Daniel, moi, ton fric, je m'en tape !

En voilà une belle entrée en matière ! L'intéressé l'a d'ailleurs pris avec un grand sourire. Habitué aux révérences et aux lâchetés qui sont le quotidien des puissants, ça le changeait.

— Si je reviens, c'est pour la mémoire, c'est tout, ai-je poursuivi. C'est sur la pelouse de là-bas que j'ai appris les valeurs qui me portent aujourd'hui. Et je te promets qu'avec ces valeurs-là, on redeviendra européens. Mais je te le redis : ton pognon, on en a besoin pour faire tourner la machine, d'accord. Mais moi, perso, je me fous que tu sois blindé. Ils sont tous à te renifler les semelles pour un petit coup de main par-ci, un petit coup de main par-là, je me trompe ?

— Non. Mais je suis lucide, tu sais.

— Je sais, oui. Mais au cas où tu me prendrais pour un faisan de leur espèce, on ne sait jamais, on ne se connaît que depuis une heure, je vais te prouver ma bonne foi. Ça va te faire comprendre qui je suis.

Et je lui ai posé une question à laquelle il ne s'attendait pas du tout :

— On m'a dit que tu étais fan de Coluche, c'est vrai ?

— Oh oui, complètement. J'aurais tant aimé le rencontrer, a-t-il répondu, l'œil soudain allumé.

— Alors, voilà. Coluche m'avait fait cadeau d'une de ses salopettes… Je te la donne !

Et ses yeux se sont embués.

J'ai donc débarrassé mon « Freude » d'un de ses trésors les plus précieux. Comme ça, pour le plaisir de faire plaisir. En clin d'œil appuyé au « Freude » personnel d'Helmut le « Chleuh » et à ses Joies en poupées russes.

Depuis, malgré la réussite de ce que j'avais promis, la deuxième aventure de Brive s'est terminée encore plus lamentablement que la première. Je n'ai plus eu Daniel au téléphone qu'épisodiquement. Je ne lui ai jamais rien demandé en retour. Et pas une seconde je n'ai regretté mon cadeau. C'est un homme formidablement sympathique et humain, mais intraitable en affaires. Il jongle avec ses milliards en Bourse, avec la froideur impitoyable des guerriers de la thune. Mais qui sait ? Un jour, peut-être, au moment de prendre une décision égoïste, parce que le virus du profit contamine le cœur en premier, un coup d'œil à la salopette lui rappellera que l'acte gratuit a aussi des vertus.

C'est contagieux, la Joie.

Bon, on a fait la lettre de Lino et la salopette de Coluche comme prévu, reste l'autographe de Lau… Enfin, l'autographe, quoi ! Un trésor de « Freude » qui me rappelle chaque fois que passer pour un con peut aussi être Joyeux. Et Dieu sait si, ce soir-là, je me suis vautré dans le ridicule ! On appelle ça une gaffe, une bourde, un bide. Enfin, un de mes ratages les plus spectaculaires. *Ah, si tu pouvais fermer ta gueule !* Ma chanson n'existait pas encore. Mais, dans le restaurant chinois où je dînais avec Nana, j'aurais mérité que toute la salle se lève et me la chante.

C'était il y a une quinzaine d'années et je vais encore te parler de rugby et de Brive. Je venais d'être élu, la veille, président du club pour la première fois. On fêtait ça en tête à tête avec Nana dans un restaurant de Paris. Je lui devais bien ça. Quinze jours avant, fatigué par les luttes intestines, je voulais abandonner le projet.

— Ils me gavent ! m'étais-je emporté. Le club est en train de crever, je viens leur rendre service, et ils me crachent dessus. Qu'est-ce que je fous là ? Je cartonne à la télé, je suis au top de ma carrière et je vais me bouffer les nerfs pour un truc qui va me coûter de l'argent et du temps. Je suis vraiment trop nul. J'y vais pas !

— Mais si, tu vas y aller, m'avait doucement calmé Nana. Parce que c'est pas Patrick Sébastien qui en a envie, c'est Patrick Boutot, le gamin qui rêvait de jouer en équipe première. Tu vas y aller parce que le plaisir qui t'attend vaut bien tous ces soucis. Tu as affaire à des gens qui n'existent que par ça. Il faut les comprendre. Tu viens avec ta célébrité manger dans leur gamelle. Va jusqu'au bout. Je suis sûre que tu ne le regretteras pas.

Je ne l'ai pas regretté.

Au moment du coup de sifflet final à Cardiff, quand on a gagné la Coupe d'Europe, j'ai tout de suite cherché les yeux de Nana à trente mètres de moi dans les tribunes. Ce frisson a été un des plus forts de ma vie. Rien que de l'écrire, là, j'en ai la chair de poule. Ce regard croisé a été un de nos plus beaux orgasmes. J'ai confié la réplique miniature de la coupe à « Freude ». J'aurais dû y mettre le Rimmel de Nana !

Mais revenons au début de l'aventure, et au Tong Yen, un excellent restaurant à la mode. Pas étonnant d'y croiser du people. Ce soir-là, Drucker dînait un peu plus loin, à la table voisine de celle de Deneuve. Juste à côté de nous, j'ai aperçu Anne Cassel, la femme de Jean-Pierre. Nous nous connaissions un peu et je l'appréciais d'autant plus que je la savais passionnée de rugby. Alors, je n'ai pas pu résister au plaisir d'aller lui faire partager mon bonheur du jour.

Elle était attablée avec une dame blonde d'un certain âge que j'ai identifiée vaguement comme attachée de presse littéraire. Son visage me disait quelque chose. J'ai donc déballé mon enthousiasme rugbystique en rentrant dans les détails. J'ai parlé de tous ceux qui allaient m'accompagner dans l'aventure : Laurent Seigne, Vincent Moscato, Alain Carminati. Des inconnus pour la quasi-totalité des clients de ce lieu branché, mais des vedettes de l'ovale.

La dame blonde souriait de mon enthousiasme, approuvant mes emportements de quelques « C'est bien ! », ou de « Ah oui, c'est formidable », qui me réjouissaient. Je la sentais tout de même un peu gênée et pas vraiment concernée par le sujet. Faisant semblant de s'intéresser par politesse. Normal. Attachée de presse dans la littérature, elle ne devait pas vraiment priser les bourre-pif et les amas de chairs lourdes. C'était en 1996 et le rugby n'était pas encore le must qu'il est devenu, depuis que mon pote Chabal fait fantasmer l'intello.

Et je suis revenu m'asseoir avec Nana tout fier et excité. C'est là que Drucker, en passant devant ma table pour quitter le restaurant, m'a lancé un amical :

— Salut, mon grand… J'ai vu que tu es allé dire bonjour à Lauren Bacall !

Tu parles que l'« attachée de presse littéraire » n'était pas vraiment concernée ! Madame Bogart ! Une légende. Et *Le Port de l'angoisse* est devenu « L'angoisse du porc ». Un grand moment de solitude, en repensant au discours enflammé ponctué de rires bien gras sur la dévotion de mes joueurs à l'échine dodue.

Je suis quand même allé m'excuser de mes enthousiasmes auprès de la star, en lui avouant simplement la vérité. Dans ces cas-là, il vaut toujours mieux. Elle a éclaté de rire. Que je ne l'aie pas reconnue ne l'avait froissée en rien. Au contraire, elle m'avoua qu'elle s'était réjouie de cet entracte. Ça la changeait des éternels compliments et de la condescendance dont elle était l'objet à chaque dîner en ville. Et c'est elle qui me proposa de signer un autographe pour le club, et ensuite, un autre pour moi et Nana. Le deuxième est dans « Freude », au-dessus. Le premier dans le double fond. Je l'ai transféré il y a trois ans. La fin de l'histoire avec Brive ne méritait pas un tel honneur.

Voilà ! C'était, comme promis, quelques-uns de mes trésors de « Freude ». Ça m'a fait du bien de te raconter tout ça, et nul doute que la première épreuve de ce que je t'écris en ce moment finira elle aussi dans le coffre à Joie.

Au moment de clore ce chapitre, je regarde le dernier SMS de « Sagittaire » qui vient de clignoter :

« Je t'écris parce que j'ai du mal à parler. Bonne nuit. À demain. »

J'aimerais tant ne pas avoir à ranger la boîte de Chatka dans le double fond.

8 JANVIER 2012 (20 h 40)

Depuis que nous sommes rentrés dans notre maison de Boulogne, c'est l'invasion. Des pandas, des lapins armés, des fantômes, des petits canards et des bonnes bretonnes voltigent en musique à travers les pièces. Lily a retrouvé le DVD que, par bonheur, on avait oublié d'emporter en vacances d'hiver. Mais quelle idée ai-je eue de rapporter un soir, après une émission où je l'avais invitée, le coffret promotion de Chantalgoya ? En un seul mot, puisque Lily m'a demandé dix fois depuis :

— C'est quoi son prénom à Chantalgoya ?

Tu réponds quoi, toi ? Chantal ? Pour qu'après elle nous fasse une dyslexie nominale en nous réclamant d'aller au spectacle de Chantal Chantalgoya, après avoir vu un film de Dany Danyboon et mangé de la conserve William Williamsaurin. Alors, je ne réponds rien et je la laisse à sa Joie. Et je m'émerveille de la voir danser et chanter sur les fantaisies gamines de l'icône des mioches d'aujourd'hui et des vieux gosses des années 1980. Qu'elle profite, ma Lily ! Elle a tout le temps de s'apercevoir que le monde n'est pas une forêt magique. Qu'elle continue à rêver. Et, quoi qu'en pensent les dictateurs du triste, bénie soit Bécassine !

Comment peuvent-ils clouer au pilori, comme ils le font depuis trente ans, la fée qui a enchanté tant de nos tout-petits ? Légère, simpliste, opportuniste ? Et même ! Qu'elle soit sanctifiée, la sainte patronne de la marmaille ! Et je vais même aller plus loin : Houellebecq, Chantalgoya, même auréole !

La première des Joies est d'accepter celle des autres. Si éloignée soit-elle de la nôtre. Sans jalousie, jugement péremptoire ni mépris. Le temps passé à dénigrer ce qui nous déplaît est autant de temps perdu qu'on aurait pu utiliser à profiter de ce qu'on aime. Je sais que je vais encore faire hurler les esthètes de façade, les intégristes du haut de gamme, qui n'accepteront jamais que leurs préférences ne soient pas la référence universelle. Mais je persifle et je signe : chaque plaisir est estimable du moment qu'il ravit celui qui en jouit !

Rien ne me désespère tant que la chanson de qualité, le livre de qualité, le film de qualité. L'œuvre intelligente et supérieure est un concept d'élitiste hermétique et méprisant. Et puis allez, tiens, je pousse le bouchon. Exprès. Pour la provoc :

Martine à la plage vaut bien *L'Étranger* de Camus !

Je sais, c'est plus qu'outrancier. Pour la plupart d'entre vous, c'est carrément débile. Mais si on réfléchit bien à la pérennité de toute œuvre d'art, aucun livre n'est à l'abri de finir cale sous un meuble boiteux. Et si j'ai poussé la démonstration à l'extrême, c'est pour vilipender, une fois de plus, les sérieux, les fats et les dédaigneux.

Ce dédain est l'apanage des faux génies qui sont en fait de vrais sots. La différence avec les autres imbéciles, c'est que, conscients de leur faiblesse, ils se sont fabriqué un masque de suffisance. Et si peu fiers de cette mascarade, ils regardent le reste du monde de haut, pour éviter de tomber sur un miroir où ils risqueraient de se voir en face.

Et nous, les autres, nous suivons nos instincts, si primaires soient-ils, sans aucun scrupule. Sans la tentation du paraître. Nous aimons Chantalgoya, les bals populaires, les potins de *Voici*, les fêtes au camping, et *Le Gendarme de Saint-Tropez* aussi. Ça ne nous empêche cependant pas d'écouter Gershwin, de lire Kundera et de nous extasier devant les croquis de Léonard de Vinci. Parce que la réalité est tellement étouffante que ce serait une contrainte de plus que le culturellement correct nous impose le chemin d'évasion qui nous conviendrait le mieux.

Je me suis égaré en philosophie alambiquée, pardon ! Je vais revenir à une argumentation plus aisée à comprendre :

— Arrêtez de nous les briser ! On se lâche comme on peut. On s'emmerde tellement entre les impôts, les crédits, les radars et le mauvais temps qu'on va pas se prendre la tête pour taper la frime. On est comme on est, et puis c'est marre ! Quand on n'a plus les moyens de casquer la réalité, on se paye du rêve au prix qu'on peut. On ne regarde même pas le code-barres, on prend ce qui vient. Et ça suffit à notre bonheur !

Un petit aphorisme quand même, pour synthétiser tout ça en un concept social le plus égalitaire qui soit :

« La seule haute école où tout le monde peut rentrer sans concours, c'est la faculté de rêver. »

Il est tellement indispensable à la Joie, ce rêve !

Tiens, justement, j'en ai fait un la nuit dernière. Je m'en souviens dans les moindres détails. Tu vas voir, il est vraiment intéressant.

Réapparition attendue du « Teigneux » :

— V'là qu'il nous raconte ses délires de roupilleur, maintenant ! Déjà que ses réalités sont merdiques, je m'attends au pire. En plus, je suis sûr qu'il invente. En fait, monsieur ne savait plus quoi écrire pour faire de l'épaisseur. Alors, il farfouille dans le n'importe quoi et il étale. Ben oui : plus le bouquin est gros, plus il coûte cher. Quel escroc !

— Mais non, c'est pas pour l'épaisseur. C'est encore de la Joie. Et cette fois, pas nostalgique en noir et blanc. Non, en couleurs. Bleu, blanc, rouge. Attends de savoir. Toi qui aimes le « people », tu vas être servi. Après, promis, je te redonne la parole.

Le rêve commençait un samedi à 16 h 28 devant une porte dérobée de l'Élysée où il était écrit « Entrée privée ». Je m'y faufilais pour un tête-à-tête informel avec le président Sarkozy. Après avoir salué de Gaulle, Pompidou et Mitterrand, je me dirigeais dans le bureau présidentiel. Là, Nicolas, en bras de chemise, m'accueillait chaleureusement et nous parlions à bâtons rompus de sport, de télé, de bouffe, et de couches-culottes. Puis il me donnait une pièce en argent, et je repartais en traversant la cour du palais au son de la chanson de Percy Sledge : *When a man loves a woman.*

Comme disait ce bon Desproges : étonnant, non ?

En fait, ce que je viens de te raconter n'est pas un rêve, mais la réalité dans ses moindres détails de ma journée d'hier.

Tout est parti il y a quelques mois d'une conversation avec un ami, qui est également celui du président. Il faut d'abord préciser que le proverbe « Les amis de mes amis sont mes amis » est certainement le plus foireux de tous. Je n'ai jamais eu d'affinités particulières avec Nicolas Premier. Tous ceux qui me suivent savent même à quel point je l'ai brocardé sans ménagements depuis l'époque où il avait lâché Chirac pour Balladur. Sa gouvernance du pays est loin de me satisfaire et je ne me suis jamais privé de le dire. Soit dans le cadre de mon métier de chansonnier, soit à titre personnel.

— Et si, au lieu de lui rentrer dedans à l'aveugle, vous vous parliez ? m'a suggéré mon ami.

J'ai répondu, amusé :

— Pour quoi faire ? D'abord, je pense qu'il a autre chose à foutre que de perdre son temps avec moi. Et puis, ça ne changera pas ma conviction humaniste qu'il n'est pas l'homme de la situation.

— C'est pas à toi que je vais expliquer qu'il ne faut pas confondre l'être et la fonction. C'est pas parce que tu fais des chansons légères que tu es insignifiant. On peut détester ton personnage paillard sans cracher sur l'homme. C'est la moindre des tolérances. Tu n'arrêtes pas de le répéter.

L'argument était habile. J'ai proposé :

— Écoute, pose-lui la question. Moi, je ne suis pas demandeur. Mais, comme je suis curieux, pourquoi pas ? Je l'ai connu dans l'ombre, pourquoi ne pas aller voir de plus près ce que la lumière a changé ?... Ou pas.

Et c'est ainsi que j'ai été convié à une première rencontre en toute discrétion.

C'était au mois d'avril dernier. J'en suis sorti assez convaincu de la sympathie du personnage et de sa parfaite intégration dans la fonction. Pour vulgariser : un mec vraiment cool qui ne flotte pas dans les habits de taulier du pays. Il a pris de la carrure, pépère ! Le Nicolas que j'avais connu un peu flasque du corps et brouillon d'esprit est devenu ferme en muscles, et tout à fait clair et posé dans l'exercice du pouvoir suprême.

De là à bousculer mes convictions premières, y a marge ! Je n'ai pas été dupe du numéro de charme. Mais c'est de bonne guerre. C'est la posture de tout homme politique face à un artiste populaire. Ils le savent bien, les bougres, que, même si le cercle des médias haut de gamme méprise le tout-venant, ça vote aussi dans les campings ! Alors, j'en ai profité pour lui parler de tous ces simples que je connais si bien. En insistant sur le désespoir et l'urgence d'humanisme. Mais je suis lucide. Même s'il a semblé attentif, je pense que mes propos de saltimbanque ont dû passer d'une oreille à l'autre sans laisser la moindre trace. Il m'a toutefois invité à renouveler notre rencontre.

Et donc, à 16 h 30, hier, j'ai été convié à nouveau. Je précise quand même qu'à la fin je lui ai demandé si je pouvais relater cet entretien dans ce livre. Question d'honnêteté. Il a accepté sans aucune réserve. Dont acte.

Comme je te le racontais dans le faux rêve, j'ai bien salué de Gaulle, Pompidou et Mitterrand : trois tableaux géants accrochés aux murs de l'antichambre où je patientais. Et bien entendu, en suspicieux chronique, je n'ai pu m'empêcher de faire remarquer à haute voix :

— Il en manque un.

— Ah bon ! s'est étonné l'huissier.

— Ben oui, Chirac.

Et déjà, j'interprétais cette absence comme une vengeance mesquine du locataire. L'huissier m'a renvoyé à ma propre mesquinerie d'une phrase :

— Ah, mais ce ne sont les portraits que de ceux qui sont morts !

Prends ça dans ta gueule, crétin !

Et une fois encore la conscience de mon inébranlable bêtise occasionnelle. Comme tout être humain, d'ailleurs. Mais au moins, moi, je la reconnais, ce qui est une compensation qui m'a toujours sauvé du pire.

Et puis il y a eu l'entretien. En toute décontraction. Le président était en bras de chemise, affable, souriant.

Histoire de ne pas repartir les mains vides, pour la richesse des pages que tu es en train de lire, j'en ai profité pour lui demander où était sa Joie.

— Dans l'émerveillement, m'a-t-il répondu, presque émouvant. Quand je rentre dans un restaurant, je suis aussi émoustillé que lorsque j'y suis rentré pour la première fois de ma vie. Et puis, mon bébé. Tu te rends compte, je suis président de la République, et une de mes occupations les plus envahissantes est de me lever quand elle pleure. Et je ne te compte pas le temps que je passe à la regarder dormir !

Je dois te préciser, en parenthèse, au cas où ça te choque, que c'est moi qui ai souhaité le tutoiement. Ce qu'il a accepté avec plaisir. J'ai eu l'impression de me rembourser du coup de vieux. Ben oui, quand le président de la République est plus jeune que toi, ça remue quand même ! Fin de la parenthèse.

Un homme normal, donc. Ni plus ni moins.

Ça n'excuse aucune des injustices dont je le tiens en partie pour responsable. La critique est aisée, je sais, mais il a choisi le rôle en connaissance de cause.

Et comme il me l'a fait habilement remarquer :

— Il y a une différence entre être sur le ring et assis au premier rang dans le public. Ton copain Hollande va commencer à s'en apercevoir. Quand on tente quelque chose, on est toujours critiqué par ceux qui pensent qu'ils feraient bien mieux, ceux qui font exactement le contraire et surtout l'immense majorité de ceux qui ne font rien !

Autre parenthèse pour te préciser qu'effectivement c'est mon pote, François. Pas un intime. Seulement une relation très amicale que nous entretenons à coups de SMS réguliers et chaleureux, toujours d'un humour savoureux. C'est un mec bien, sincère et drôle.

Quand je lui ai dit que j'avais rendez-vous à l'Élysée, j'ai ajouté en filou :

— T'as une commission à lui faire ?

Il m'a répondu :

— Dis-lui qu'il a de la chance d'être avec toi !

Et mon ego a fait sa petite cloque. Mais encore une fois, je ne suis dupe de rien. Bien sûr que c'est une Joie de tutoyer les cimes. Mais je suis alpiniste amateur. Un faux pas, une avalanche, ma célébrité qui dévisse, et je dégringole.

Tu dois te demander pourquoi je te raconte tout ça. À part étaler mon petit orgueil, ça n'a pas vraiment d'intérêt et le rapport avec ce livre doit te paraître bien mince. En fait, je voulais te faire partager une farce de plus. Parce que tu t'imagines bien qu'en mémoire de mes « mousquetaires » il fallait que je tente une « connerie » à l'occasion de cette visite élyséenne. Cette fois, pas de graffitis sur mes parties intimes. Juste une audace magistralement insipide. C'est les plus savoureuses !

Au moment de nous séparer, j'ai avoué :

— J'écris un livre sur la Joie. J'y raconte mes bêtises, mes déconnades gratuites. Alors voilà. Je me suis dit qu'il fallait marquer le coup. Je suis conscient du privilège d'être reçu dans ce bureau présidentiel. Ça suffit à mon bonheur. Loin de moi l'idée d'être irrespectueux, mais j'aimerais y mettre un grain de fantaisie totalement futile.

— Ah bon, et comment ?

— Je voudrais te gauler la petite cuillère du café !

— Pardon ?

— Oui, la petite cuillère en argent, je te la fauche. Et la prochaine fois que je viens, après l'élection, je te la rapporte. Comme ça, si tu veux la récupérer, il faut que tu sois élu. Sinon, je la rapporte à Hollande. Avoue que devant l'Histoire, c'est une motivation originale. Dans les bouquins, ils écriront plus tard : « La petite cuillère qui a changé le destin de la France. Nicolas Sarkozy ne s'est représenté que pour récupérer un ustensile d'argenterie qu'un clown avait pris en otage. »

J'ai quand même eu un court moment d'appréhension. Le vague pressentiment que son sourire allait se figer, qu'il allait se lever, et me demander de partir sans même une poignée de main. Au moment où il doit gérer la faillite de l'Europe, la chute du pouvoir d'achat et tant d'autres drames courants, voilà un Polichinelle qui lui détourne le grave pour du canular de pacotille ! De quoi s'offusquer, non ? Se draper dans la dignité de la fonction et renvoyer poliment cet intrus imbécile qui ose la blague nase de potache dans le saint des saints.

Non seulement il a éclaté de rire, mais, à ma grande surprise, il a surenchéri.

— Ah non, pas une petite cuillère ! On va faire mieux.

Il y avait sur le verre épais de la table basse une vingtaine de pièces de collection à rendre jaloux les numismates du monde entier. Il a saisi la première qui lui tombait sous la main et me l'a tendue en disant :

— Prends plutôt ça !

J'ai ouvert de grands yeux étonnés et j'ai balbutié, gêné :

— Oh non, quand même pas.

— Mais si, m'a-t-il dit en riant.

Un peu arroseur arrosé sur le coup. Et bien obligé de reconnaître l'élégance de la parade.

Un seul mot à dire : bravo !

Et je suis donc ressorti de ce rendez-vous irréel riche d'une pièce rare de grande valeur qu'il faudra bien rapporter un jour. À qui ? Je t'avoue que je n'ai aucune préférence. François et Nicolas sont deux hommes sympathiques et attachants. La seule surprise est que la jovialité du second est plus inattendue. Sa réelle qualité d'âme aussi, et ça, c'est plutôt une bonne nouvelle. Ça fait match nul, comme on dit au foot. Au point qu'au moment où je t'écris, je ne sais absolument pas auquel des deux je vais donner mon bulletin de vote. Et il n'est même pas sûr du tout qu'il aille à un de ces deux-là. Je n'ai qu'une certitude : je choisirai le candidat qui mettra, quelles que soient les exigences de l'économie, le plus d'humanisme dans ses propositions.

Mais quoi qu'il en soit, quel que soit l'heureux gagnant, je reste persuadé que les solutions premières à notre bonheur ne sont pas cachées au fond d'un isoloir. Comme sur une piste d'athlétisme, la politique met des haies sur notre parcours. Il faut faire avec. Certains les sautent avec aisance, d'autres les évitent, d'autres encore chutent lourdement. Est-ce la faute des haies ou celle de notre course ? Je n'ai pas la réponse. Et je ne veux même pas la chercher. J'ai renoncé depuis longtemps à trouver une solution à tous les « pourquoi ».

On ne peut pas comprendre la vie. Quand on arrive, le film est commencé, et quand on part, il n'est pas fini !

Hier, à 17 h 34 exactement, j'ai traversé la cour d'honneur de l'Élysée, la main encore parfumée de l'eau de toilette du président de la République, une farce en argent dans la poche, en fredonnant *When a man loves a woman* de Percy Sledge.

— Qu'est-ce que t'en penses, Maman ?

— Pas mal... De toute façon, je l'ai toujours aimé, cet homme. On s'est assez engueulés à son sujet.

— C'est vrai. Mais c'est pas pour ça que je voterai pour lui.

— Oh, je sais. Je te connais !... Mais pourquoi Percy Sledge ?

— Parce que ce mec est amoureux, Maman. Tu aurais vu son regard s'illuminer quand il parlait de son couple. Et comme tout amoureux, il veut l'éblouir, sa Carlita. Ça nous laisse une chance qu'il vire un peu plus au beau, à l'humain. Il se peut que cette chaleur que j'ai vue rayonner dans ses yeux, il la transpose en décisions un peu plus affectives. François aussi est amoureux. C'est plutôt bon signe, non !

Qu'Éros nous entende !

L'alcôve conditionne tant nos comportements. Alors, bougez-vous, les filles ! Mettez-y toutes les caresses qu'il faut, mais poussez-les au meilleur d'eux-mêmes. Aux précautions, à l'attention à l'autre. L'amant d'un peuple ne peut pas le contenter avec des préliminaires électoraux.

Il va bien falloir qu'il finisse par le faire jouir un jour !

— Bon, je peux dire un mot, maintenant ? s'insinue le « Teigneux ».

— Non, je vais le dire à ta place. Je sais ce que tu penses. Que moi, le faux rebelle, le libertaire de tes deux, je suis allé pactiser avec le diable. Que je me suis assis sur mon « DARD », et que par conséquent je suis un bel enc…

— C'est exactement ça. Comment t'as deviné ?

— Je n'ai pactisé avec personne. Parce qu'il n'y a ni anges ni diables. Mon « DARD » (mouvement humaniste pour le Droit au respect et à la dignité), je le porte plus que jamais. Je n'ai de cesse d'en asséner les principes à tous ces politiques importants que j'ai la chance de rencontrer. Ça n'aura peut-être aucun effet, mais j'aurai essayé. Et puis, tu sais, encore une fois, ce ne sont pas ces « mi-anges, mi-diables »-là qui décident de ton bonheur. C'est toi, et toi seul. Quels que soient les handicaps.

— Mon handicap, c'est tous ces voyous qui nous font une société pourrie ! s'emporte-t-il. Ils se gavent entre eux et ils nous assassinent. Jamais les mecs du CAC 40 ne se sont autant goinfrés. Et pour nous, on prétend que c'est la crise et on nous saigne. Alors, tu peux parler, toi ! Tu les tutoies, ces fumiers. Et nous, on en crève. Tes théories foireuses sur le bonheur qu'il faut se fabriquer soi-même, c'est de la daube. Le handicap, c'est la saloperie de ces ordures qui nous paralysent tout. Et tu veux qu'on en rigole ? Moi, j'ai jamais vu un handicapé heureux !

Moi si.

Et si tu ne devais retenir qu'une seule chose de ce livre, c'est ce qui va suivre.

L'histoire de Cyril, infirme moteur cérébral, est certainement la plus belle illustration de tout ce que j'ai tenté de démontrer jusque-là. La politique n'a rien à y voir. C'est bien pour ça que je vais t'en parler après ce long passage présidentiel. Parce que j'ai compris depuis longtemps qu'il fallait cesser d'accabler les politiques pour tout et n'importe quoi. La vie est une chienne enragée. Rendre responsables de toutes ses morsures les dirigeants de tous bords est une erreur profonde. Si fourbes soient-ils.

Brocarder au café du commerce doit rester un passe-temps. En faire une obsession est disproportionné. Ils ne le méritent pas. Cette conclusion est à deux sens. Ils ne méritent pas notre opprobre impitoyable parce que ce ne sont que des hommes, avec les vices et les vertus de tout un chacun. Et ils ne méritent pas non plus, parce que leur accorder une telle importance, c'est rentrer dans leur jeu d'ego démesuré et nocif, qui ne se nourrit que de ça. Et que peuvent-ils faire vraiment ?

Il y a tant de distance de ceux qui débattent à ceux qui se débattent !

Donc, il s'appelle Cyril, cet infirme moteur cérébral de naissance. Et lui, il se débat bien peu. Tout est éteint. Sauf le cerveau, et la tête qu'il agite en articulant avec peine des sons dont seuls ses proches arrivent à saisir vraiment le sens. Il vit depuis toujours dans une coquille. Et à trente-six ans, il respire le bonheur. J'y contribue parfois. C'est un fan. Il connaît toutes mes chansons par cœur et me fait une fête incroyablement touchante chaque fois que je le rencontre. Il a poussé dans un petit village du Sud-Ouest, couvé par Claudette, sa maman. Après sa naissance, un professeur lui a donné un conseil qu'elle évoque toujours avec colère :

— Mettez-le dans une pouponnière, et faites-en un autre !

Elle a claqué la porte au nez du fossoyeur accrédité par la Faculté. Et cette femme Joyeuse a donné ses jours et ses nuits pour son petit. Au moment où *Intouchables* cartonne au box-office, peut-être envisages-tu mieux les trésors de bonne humeur qu'il a fallu déployer pour que cet enfant vive heureux. Et « heureux » est vraiment le mot.

— Bien sûr qu'on est heureux, m'affirme-t-elle en souriant. Quand le père est parti, je l'ai élevé seule. À l'optimisme. C'est vrai que j'y ai laissé beaucoup de ma vie de femme, et alors ? L'amour partagé le valait bien.

— Ton fils, ta bataille ?

— Oui, et on a gagné. T'as vu comme ils sont beaux, ses tableaux !

À vingt ans, Cyril a voulu peindre. Alors, il a pris des cours. Le lourd pinceau des débuts qui pesait dans sa bouche a été remplacé par un plus léger, en carbone. Pour toi un détail technique, pour lui une certaine idée du luxe. Une Joie de plus. Et après, des dizaines d'autres, à chaque tableau achevé. Aujourd'hui, il lui arrive d'exposer. Son espoir serait que ces toiles, réduites en cartes postales, fassent le tour du monde.

Je ne vais pas m'attarder dans le pathos. On pourrait en faire des tonnes et ce n'est pas le but. La photo de ce grand gamin, sculpté depuis toujours dans sa coquille, qui peint des arbres et des maisons sous la neige suffit à la démonstration. La première leçon de vie est là, bien entendu. Quand il m'arrive de gémir pour un bobo sur le nez, une contravention ou une contrariété professionnelle, l'exemplarité de ce petit bonhomme corseté est criante. Elle me hurle de tout relativiser, de rire, de chanter, de profiter. Pas besoin que j'en rajoute pour t'inviter à faire de même. C'est une évidence.

La deuxième leçon est moins nette mais tout aussi instructive.

L'actualité « people » vient de nous étaler la énième tentative de suicide de Loana, l'icône perdue de la téléréalité. Un appel au secours de plus. J'ai eu quelquefois l'occasion de croiser cette femme en errance, balayée par la tempête. Avec, dans l'œil du cyclone, une célébrité qui ne reposait que sur une pluie d'articles de presse et le vent de la mode trash. J'ai toujours eu de la compassion pour elle. Quels que soient ses erreurs, ses faux bonds, ses mensonges et ses fautes. On ne peut pas accabler quelqu'un qui titube à ce point-là.

Mais la moralité de cette fable pitoyable conforte un peu plus ma certitude qu'on ne récolte que ce qu'on s'aime !

Car il s'agit bien d'amour.

Et de partage.

Deux femmes :

D'un côté, Claudette. Son fils, sa bataille. Le sacrifice dans la Joie. Aimer pour aimer. Envers et contre tout. Et au bout, un bonheur lumineux. Peint par une bouche tordue. Le corps dans un corset et l'âme au soleil.

De l'autre, Loana. Sa fille, son abandon. La gloire égoïste dans la douleur. Paraître pour être aimée. À n'importe quel prix. Et au bout une angoisse étouffante. Peinte par une bouche charnue. Le corps au soleil et l'âme dans un corset.

Choisis ton camp !

Sur ce, il est temps d'aller embrasser Lily dans son sommeil. Dieu me l'a offerte sans handicap. Merci. À moi de la préserver des projecteurs qui rendent aveugle.

Il y a Clodette et Claudette !

Je vais rentrer dans sa chambre à petits pas prudents.

Pour ne pas marcher, dans ses rêves, sur Riri, Fifi ou Loulou.

12 JANVIER 2012 (3 h 10)

Je suis redescendu précipitamment dans mon antre de Martel, pour raisons familiales, comme on dit pudiquement à chaque drame ordinaire. Mais, avant de partir, hier après-midi, à Paris, je suis allé visiter l'appartement témoin.

C'est ce que j'ai dit à « Sagittaire » en déboulant chez elle.

— L'appartement témoin ? s'est-elle étonnée, en fronçant les sourcils.

— Ben oui : toi.

— Comment ça : moi ?

— Avec ce que je fume, je vais bien un jour habiter dans le cancer moi aussi.

Et en détaillant ses cheveux un peu plus rares et ses jambes amaigries, j'ai ajouté :

— La charpente est pas terrible et la toiture perd ses tuiles, mais bon, je vais le prendre quand même !

Elle s'est mise à rire. Et puis ses yeux se sont un peu embrumés, et elle m'a dit à mi-voix :

— Si jamais ça se passe mal, je veux qu'on m'incinère.

J'avais envie de répondre :

— Arrête tes bêtises, ça va bien se passer.

C'est ce qu'on dit dans ces cas-là. Et la voix trahit toujours le mensonge. C'est bien pour ça que j'ai préféré lancer, rigolard :

— Qu'on t'incinère ? Tu trouves que t'as pas assez fumé !

On lutte, docteur, on lutte !

En redescendant dans la rue, j'ai retrouvé ma voiture lacérée des coups de clés traditionnels. La routine quand le véhicule sort un peu de l'ordinaire. Tu penses bien que je n'ai attaché à cette dégradation supplémentaire que le prix qu'elle méritait. À peine un discret « Ah, les enculés ! » de circonstance. Et puis un sourire juste après, en me disant que, sur l'échelle des soucis, celui-ci était bien piètre par rapport à celui que je me faisais en descendant les trois étages de l'immeuble où l'« appartement témoin » continue à se fissurer.

Mais quand même ! Il avait raison, Delon.

J'ai repensé au film *Deux hommes dans la ville* que j'ai vu il y a quelques jours sur une chaîne commerciale. Le chef-d'œuvre de José Giovanni m'a encore tiré la larme lorsque « Gino Strabliggi-Delon » annonce au téléphone à « Germain Cazeneuve-Gabin », le juge des réinsertions, la mort de sa femme. Sûrement un des plus beaux moments de la carrière d'acteur du bel Alain. J'étais en plein dedans, bouleversé, quand, tout à coup, des crétins à cotillons se sont mis à chanter tout Joyeux sur l'air des lampions : « Quarante ans, quarante ans, quarante ans ! » Et mon émotion s'est brisée net sur la vitrine d'une banque au top qui se fout de la gueule d'une banque de merde. On appelle ça de la publicité comparative. Et à la fin de l'écran de réclame, le film a redémarré en passant allègrement d'un produit laxatif à la mine glabre d'un Michel Bouquet, antipathique à souhait en « Goitreau », le flic pourri.

Tout pour en rire, évidemment. Mais de quoi s'agacer aussi. Et comme si les dialogues du film étaient prémonitoires, quelques instants plus tard, Delon a défoulé sa colère contre Bouquet en hurlant :

— Pourquoi faut-il que la moitié de l'humanité passe son temps à emmerder l'autre moitié ?

Les pubs qui coupent le film au meilleur moment, le restaurant qui ne sert plus après vingt et une heures, la voiture rayée, les déjections sur le trottoir, les camions qui t'empêchent de doubler sur l'autoroute, le guichetier tatillon, la tondeuse du voisin et j'en passe, m'ont tout autant que toi pourri la vie. Et puis surtout, les vrais tordus qui m'ont volé, trahi ou humilié.

Il en faut de la Joie pour guérir de tout ça. Du temps aussi, parce qu'il n'y a que la sagesse de l'âge pour t'enseigner que se faire du mauvais sang ne sert à rien. Voilà une expression qui dit exactement ce qu'elle veut dire : « Se faire du mauvais sang. » Polluer ses globules par des colères inutiles. Le cœur s'emballe, la tension monte, et le visage se crispe. Au point qu'à force de sourcils froncés certains se sculptent parfois une figure contrariée à vie.

Même s'il m'arrive encore de rares fois de tomber dans le piège, il y a longtemps que j'ai abandonné l'aboiement et la morsure systématiques. Parce que, crois-moi, j'ai donné copieusement dans le dogue agressif ! J'ai usé pratiquement tous les comportements des offensés impulsifs et crétins. L'insulte, le bras d'honneur, la destruction de mobilier et, évidemment, la gifle. Moins efficace que le bon vieux coup de poing, mais tellement plus humiliante.

Et puis, à force d'invectives et bastons parfois suicidaires, j'ai fini par me ranger dans la catégorie de ceux qui se contiennent. Pour plusieurs raisons. La trouille, d'abord. Le coup de pied dans la tempe, que j'ai pris d'un boxeur thaï de dix-huit ans que je voulais punir de son insolence, m'a ramené à la réalité de mon âge. Faut pas jouer à Chuck Norris quand on n'a plus que la vivacité de Derrick ! Et puis surtout cette conscience de l'inutile qui ne vient qu'au bout d'une longue expérience de face-à-face dans le miroir.

Quand on finit par se dire :

— T'es trop con ! La colère est toujours une faiblesse. Il y a sûrement mieux à faire.

Aujourd'hui, il m'arrive, en de très rares occasions, de dégoupiller vraiment. Mais, en cas de saloperies systématiques, je choisis plutôt la riposte par la farce et bien plus souvent l'amnistie par le pardon. Les deux font mon bonheur et par voie de conséquence épargnent mes artères. Je vais sûrement te surprendre, mais j'attribue une grande part de la perfection de mes analyses médicales à ce changement d'attitude devant les contrariétés du quotidien. Là où j'éructais, j'échafaude. Là où je m'essoufflais, je tempère. C'est-à-dire que soit je prépare une réplique humoristique, soit je classe l'affaire.

Je t'ai suffisamment parlé d'humour jusque-là pour l'occulter en cette fin de livre, et ne m'attarder que sur le pardon. Parce que c'est un des piliers les plus essentiels de cette Joie dont je t'ai tant parlé.

Je sais que je suis à contre-courant de la nature humaine. Parce qu'elle est à la loi du talion. Et au cas où on l'oublierait, les séries télé et les films nous assènent chaque jour en meurtres et dépeçages en tout genre l'illustration par l'exemple du proverbe biblique : « Œil pour œil, dent pour dent. » Et pourtant, je m'efforce à l'indulgence et à l'absolution. Parce que j'ai fini par comprendre que la vengeance froide ne détruit réellement que celui qui la nourrit. Je n'ai pas eu besoin de livre, c'est la vie qui me l'a appris.

Je ne laisserai même pas le « Teigneux » vomir qu'il faut rendre coup pour coup. Que c'est une question d'honneur. Je me contenterai simplement de te citer quelques-uns des pardons qui ont grandement contribué à renforcer la Joie qui embellit ma vie.

J'ai tant pardonné.

Même l'impardonnable.

J'ai pardonné à celui qui avait débridé la moto de mon fils. Ce n'est pas la vitesse qui l'a tué. C'est le destin. Le hasard d'une ligne droite trop longue et déserte à cinq heures du matin. Et les parfums de liberté de la Camargue en été. Et puis, qu'est-ce que la vengeance m'aurait rendu de ce que j'ai perdu ?

J'ai pardonné au journaliste qui, le lendemain, a écrit que l'accident n'en était peut-être pas un. Juste pour se venger d'un sketch dans lequel j'avais osé critiquer son journal. Je le laisse à sa conscience. À cause de fantoches de son espèce, son journal est mort aussi.

J'ai pardonné à tous ceux qui ont profité de ma générosité pour me voler. Parce que ça n'a rien changé. Ils sont toujours dans le besoin et je suis toujours généreux. Ceci explique sans doute cela.

J'ai pardonné à celle qui m'a diffamé en place publique, en m'inventant des comportements violents que je n'ai jamais eus. Amour ou haine, qu'importe. Ma rancœur lui tiendrait lieu d'attention particulière. Et je me flatte de n'avoir, à l'égard des gens de sa faiblesse d'âme, d'attention ni générale ni particulière. Une vague pitié peut-être.

J'ai pardonné à mes chagrins d'amour. Mieux, je les remercie d'avoir posé les pierres qui m'ont aidé à traverser le fleuve. J'ai rencontré Nana sur l'autre rive. Et Lily un peu plus loin. J'aurais pu me noyer. Ouf… Je l'ai échappé belle !

J'ai pardonné à celui qui m'a giclé seulement. Je le remercie lui aussi de ne pas m'avoir « fait ». Si j'avais grandi à son image, je ne serais sans doute pas ce que je suis. Je regrette juste d'avoir appris, trop tard pour cause de décès, le cadeau magnifique que Salvador Dalì avait fait à celui qui ne l'avait pas reconnu non plus. Après s'être masturbé, il lui a envoyé un flacon plein de sa semence, sur lequel il avait écrit : « Maintenant, nous sommes quittes ! » Dieu, que j'aurais aimé en faire autant !

Et puis, pendant l'écriture de ce livre, il a bien fallu pardonner encore. À la greffière zélée qui m'a empêché de voir « Tonton Max ». Au toubib qui a abattu « Sagittaire » en lui pronostiquant une issue fatale. À l'« ami » à qui j'ai avancé vingt mille euros, que je ne reverrai jamais. Ni l'ami ni l'argent.

Des tout petits pardons.

Et puis le grand.

Le plus délicat, qui, à l'heure qu'il est, a bien du mal à se dessiner.

Samedi dernier, Camille « le merveilleux » a été pris de violentes douleurs. Le docteur de Martel lui a imposé d'aller sans attendre aux urgences de l'hôpital le plus proche. Ma sœur l'y a conduit aussitôt. Là-bas, l'urgentiste de service a diagnostiqué que ce n'était pas si grave que ça. Il n'a pas jugé bon de le garder et l'a renvoyé à la maison en lui conseillant des antalgiques ordinaires. Et puis, quelques heures plus tard, les douleurs se sont accentuées et ses mots sont devenus confus. Retour à l'hôpital. Cette fois, ils se sont occupés de lui. Très bien d'ailleurs, puisqu'ils l'ont sauvé de justesse.

À l'heure matinale où je t'écris encore, parce que aujourd'hui le sommeil ne viendra pas, Camille « le merveilleux » est en réanimation. C'était une septicémie d'une gravité aiguë. Depuis ma visite cette nuit, l'image de mon vrai papa inconscient, intubé, dialysé, gisant sur son lit d'hôpital ne s'efface pas une seconde de mes yeux. Elle est restée en surimpression sur tous les mots qui défilent sur l'écran de mon ordinateur depuis le début de ce dernier chapitre un peu plus court que les autres pour cause de désarroi.

Le pronostic vital est encore mince, et quelle que soit l'issue, il me faudra un peu de temps pour absoudre l'urgentiste qui a fait reculer de douze heures le début des premiers soins. Faute, maladresse, ou peut-être bonne foi parce que la gravité était indécelable à ce moment-là, qu'importe ! Ce qui est fait est fait. Personne n'est jamais tout à fait responsable. C'est Dieu qui l'a voulu. Et quoi qu'il arrive, je pardonnerai, je le sais.

À l'urgentiste, c'est certain.

À Dieu, c'est moins sûr.

Ce pardon-là viendra se coller aux autres pour enrichir ma Joie. Aux côtés de mon humour noir, de mes générosités et de mes outrances, je sais que c'est cette Joie-là, et elle seule, qui me fera tenir debout le temps qu'il me reste. Elle est la plus inébranlable de mes forces. Et j'espère que te l'avoir sublimée tout au long de ces pages t'a donné envie de te fabriquer la même.

Rien ni personne ne pourra m'en détourner. Et surtout pas les cracheurs de fiel qui m'ont insulté, humilié, avili, pour la seule raison que je tente depuis bientôt quarante ans de distraire le peuple d'où je viens. Cette

Joie est accessoirement un bras d'honneur à ceux qui me méprisent. Elle est avant tout deux bras grands ouverts à ceux qui m'aiment. Et au moment de terminer ce livre, le cœur déchiré par un nouveau coup de poignard, je voudrais t'exprimer une dernière fois ma fierté d'être clown.

Les brassards de deuil, j'en ai fait des fixe-chaussettes. Les coups de poing dans la gueule, des tartes à la crème. Avec le sang qui coulait aux plaies de mes accidentés, j'ai peint mon nez en rouge. Mes pantalons sont trop larges, mes cheveux trop mal coiffés, mes rires trop forts, mes blagues trop bêtes, mes rêves trop grands. Je suis un charlot, une marionnette, un polichinelle, un schpountz. Tu avais tellement raison, monsieur Pagnol, lorsque tu écrivais :

« Quand on fait rire sur la scène ou sur l'écran, on ne s'abaisse pas, bien au contraire. Faire rire ceux qui rentrent des champs, avec leurs mains tellement dures qu'ils ne peuvent plus les fermer, ceux qui sortent des bureaux avec leurs petites poitrines qui ne savent plus le goût de l'air, ceux qui reviennent de l'usine, la tête basse, les ongles cassés, avec de l'huile noire dans les coupures de leurs doigts… Faire rire tous ceux qui mourront, faire rire tous ceux qui ont perdu leur mère ou la perdront… Le rire est une espèce de convulsion absurde et vulgaire, mais une chose humaine que Dieu a peut-être donnée aux hommes pour les consoler d'être intelligents. »

Si c'est Pagnol qui l'affirme, alors, je pardonnerai aussi à Dieu.

Peut-être.

On va se quitter là-dessus.

Parce qu'il faut que je reparte dans la vraie vie cueillir quelques sourires de secours au moment où, après le départ de Maman, ma dernière poutre se fendille. Je n'ai plus vraiment le cœur à écrire, je l'ai juste à survivre. Alors, vite, des blagues, des fêtes ! Mes « urgences » à moi. Celles où on ne se trompe ni de diagnostic ni de remèdes.

On a commencé avec Rabelais, on a fini avec Pagnol. J'ai coincé, en toute modestie, ma plume minuscule entre leurs deux immenses encriers. Et j'ai eu un plaisir fou à déverser de nuit en nuit mes souvenirs Joyeux.

À la fin de notre voyage, comme je l'avais prédit, « mon pote le grillon » a déménagé. Est-ce l'écriture qui l'a fait fuir ? Une autosuggestion ? Qu'importe, il a disparu sans médication. L'illustration par l'exemple de la mission de ce livre.

Je vais enfin libérer le « Teigneux ». Il va pouvoir repartir dans sa tanière inonder le monde de ses crachats sur blog. Histoire de relativiser l'hommage unanime rendu à Steve Jobs. Aucune icône ne mérite totalement de l'être.

Et « Sagittaire » s'accroche.

Merci de m'avoir suivi jusqu'au bout. Et pardon, peut-être, d'avoir un peu trop évoqué, encore une fois, mes deuils et mes drames courants. Mais les projecteurs braqués sur le noir n'étaient là que pour la réverbération. Pour faire jaillir la lumière de l'authentique optimiste au bout du tunnel. J'espère t'avoir éclairé. Si c'est le cas, chaque fois que je viendrai chez toi en saltimbanque, fais clignoter une petite lampe au fond de la salle.

Pour m'encourager à continuer à être futile.

Tu me dis souvent, quand je te croise, que tu me remercies de te donner la Joie de vivre. Ce cadeau est réciproque. Mais je suis seul, et tu es tellement plusieurs, par bonheur. Alors sache bien que, si tu as besoin de moi, moi aussi j'ai besoin de vous !

Et Maman, alors ?

Je ne vais quand même pas finir sans elle. Elle ne dit rien. Les bras passés au-dessus de mes épaules, elle a posé chacun de ses doigts sur chacun des miens. Elle m'embrasse dans le cou, et nous tapons un « F », un « I » et un « N », à quatre mains sur le clavier.

Comme sur les touches d'un piano.

Prélude à la vie.

Parce que rien ne s'achève, tout recommence.

À bientôt !

FIN

Cet ouvrage a été composé
par CPI Firmin-Didot
27650 Mesnil-sur-l'Estrée

Imprimé en France par

MAURY IMPRIMEUR
à Malesherbes (Loiret)
en avril 2013

POCKET – 12, avenue d'Italie – 75627 Paris Cedex 13

N° d'impression : 181307
Dépôt légal : mai 2013
S23834/01